Carl Kempe

Kempes Wegweiser durch die Stereotypie und Galvanoplastik

Carl Kempe

Kempes Wegweiser durch die Stereotypie und Galvanoplastik

ISBN/EAN: 9783743403123

Hergestellt in Europa, USA, Kanada, Australien, Japan

Cover: Foto ©ninafisch / pixelio.de

Manufactured and distributed by brebook publishing software (www.brebook.com)

Carl Kempe

Kempes Wegweiser durch die Stereotypie und Galvanoplastik

KEMPE'S

„WEGWEISER"

DURCH DIE

STEREOTYPIE UND GALVANOPLASTIK

DIE BEDIENUNG DER ROTATIONSMASCHINE.

CARL KEMPE, Nürnberg.

Einzige Bezugsquelle
für den gesamten Stereotypiebedarf.

Stereotypieapparate praktischster und solidester Konstruktion. Nr. I bis VI mit Gussflächen von 40×50 bis 22×28 cm, mit und ohne Patent-Schutzvorrichtung.

Schmelzöfen mit und ohne Schutzvorrichtung für Warm- und Kaltstereotypie.

Gasbrenner für Schmelzherde aller Art, neuester verbesserter Konstruktion.

Grosse und kleine Dampftrockenpressen.

Separate Giessinstrumente in allen Grössen.

Bestossladen in allen Dimensionen mit Facett- und Geradhobeln.

Grosse und kleine Kreissägen mit und ohne Schutzvorrichtung gegen Bleisplitterverletzung.

Cicero- und schrifthohe Giesswinkel in allen Grössen.

Hohlfussleisten für schrifthohen Guss.

Patent-Kaltstereotypie-Trockenrahmen für bestimmte und variable Formate.

Komplette Korriglerschränke mit sämtlichen Werkzeugen zum Korrigieren und Verlöten der Stereotypplatten.

Instrumente für den Guss von Hohlstegen und Regletten, sowie für das Aufgiessen von Stereotypen und Galvanos.

Unterlagen für den Stereotypendruck, aus Eisen und aus Schriftmetall in Verbindung mit Facettenköpfen, angeschraubten, sowie verstellbaren Messingfacetten.

Gehärtete Flach- und Rundstichel.

Korriglerfeilen aus Stahl.

Verbesserte Handlochmaschinen zum Lochen von Stereotypen und Galvanos.

Kempe's Matrizenpulver, absolut kornfrei.

Kempe's fertige Matrizentafeln in 3 Stärken.

Sämtliche Stereotypiepapiere, ungeleimt, plano, in 15 Nummern und allen Formaten.

Natronat zum Auslegen der Bunzen nebst Bunzenstreicher.

Trocken-Wollfilze, hart oder weich, in jedem Format.

Trocken-Haarfilze in 4 Lagergrössen.

Zinkbleche zum Streichen und Feuchthalten der Matrizen.

Stereotypie-Werkstätte.

I.

DIE PAPIERSTEREOTYPIE DER NEUZEIT FÜR FLACH- UND RUNDGUSS.

DER DRUCK AUF DER ROTATIONSMASCHINE.

II.

LEHRGANG DER GALVANOPLASTIK.

DRITTE AUFLAGE.
1891.

VERFASSER UND VERLEGER:
CARL KEMPE IN NÜRNBERG.

Inhalt.

I. Die Papierstereotypie der Neuzeit für Flach- und Rundguss.

	Seite
Aufstellen des Giessofens	1
Die Bereitung der Form	1
Markierter Satz, mit Pappstreifen ausgelegt	6
Die Bereitung der Matrize	6
Fertig zum Guss	12
Vom Stereotypmetall; seine Reinigung und Legierung	13
Vom Guss	17
Die letzte Arbeit des Stereotypeurs	19
Schrifthoher Guss	19
Englische Matrizen	22
Stereotypie von Buntdruckplatten	23
Kalt- oder Warmstereotypie	23
Das Kalandrieren der Matrizen	24
Rotationsstereotypie	25
Der Rundguss	26
Über Kaltstereotypie von Zeitungsdoppelformen	28
Vom Rotationsdruck	29
Einiges über die Behandlung grosser Rotationsmaschinen mit Trichterfalz	33

II. Die Galvanoplastik.

Das Kupferbad	41
Die Elemente	42
Die Matrize	47
Wachs- oder Guttaperchamatrizen in der Galvanoplastik	49
Die Prägung	50
Das Einhängen der Matrize	51
Das Fertigmachen des Galvanos	53
Das Verkupfern der Güsse	57
Das Vernickeln der Güsse	58
Das Verstählen des Galvanos	59
Die Dynamomaschine in der Galvanoplastik	60
Etwas von den Stromstärken und den elektrotechnischen Messinstrumenten	63

ERSTER TEIL.

DIE PAPIERSTEREOTYPIE DER NEUZEIT FÜR FLACH- UND RUNDGUSS.

DER DRUCK AUF DER ROTATIONSMASCHINE.

Aufstellen des Giessofens.

Jeder Schmelz- oder Giessofen soll möglichst direkt mit dem Kamin verbunden werden. Kommt der Ofen in einem Raum zur Aufstellung, in dem ein Kamin sich nicht befindet, so beeinträchtigt ein langes Leitungsrohr die Heizung in keiner Weise, nur soll der Schlosser das Leitungsrohr nie im rechten Winkel biegen, sondern krümmen, damit sich der Rauch nicht stösst, sondern in Kurvenbiegung den Kamin erreicht.

Das Anheizen des Ofens geschieht zunächst mit Holz und wird alsdann Steinkohle oder Koks in geringer Menge nachgelegt, auch gibt eine Mischung von 50 Teilen Koks und 50 Teilen Braunkohlen ein billiges und gutes Heizmaterial. Kombinierte Giessapparate, wie alle meine „Widder"-Konstruktionen, verlangen nur geringe Heizmittel; eine kleine Schaufel alle Viertelstunde genügt, um den Apparat in genügendem Brande zu erhalten. Wird zu viel aufgelegt, so entwickelt sich unnötiger Qualm und die Heizkraft wird beeinträchtigt. Steht in dem Raum, in welchem der Stereotypie-Apparat Aufnahme findet, noch ein anderer Ofen, dessen Rohr in den gleichen Kamin geleitet ist, so wird das Rohr des Stereotypieherdes *über* das des anderen Ofens in den Kamin geführt, da auf diese Weise die Hitze im Gussherde schneller entwickelt wird, falls beide Öfen zu gleicher Zeit brennen. Findet dieser Punkt Beachtung, so wird das Metall schnell flüssig sein und das Trocknen der Matrizen in allen meinen Apparaten in 10—15 Minuten vor sich gehen. Je weiter und höher der Schornstein, event. das Leitungsrohr über das Dach oder zum Fenster hinaus, je besser die Zugkraft im Ofen. Hauptbedingung: möglichst direkter Anschluss und wenig Krümmungen.

Die Bereitung der Form.

Der Satz wird auf das Schliessfundament geschossen, mit schrifthohen Stereotypiestegen umlegt und von den Kolumnenschnüren befreit. Die schrifthohen Stege sind einseitig abgeschrägt. Die abgeschrägte Seite wird dem Satze zugekehrt, so dass sich zwischen Satz und Steghöhe eine natürliche Rinne bildet. In diese Rinne setzt die Matrize später einen Rand ab; dieser Rand wird Bunzenrand genannt und gilt als Anlage für die Giesswinkel, wenn die Matrize abgegossen werden soll. Werden Stege verwendet, welche an der Innenseite nicht abgeschrägt sind, so ist der Satz mit Cicero zu umlegen, um die genannte Bunzenrinne zu schaffen. Um das Doublieren

Anweisung
für das
Schliessen der Form.

Wie unsere Abbildung zeigt, stehen die schrifthohen Stege an den Ecken A A A A voneinander ab und zwar in der Breite von Petit; um diese Breite sind die schrifthohen Stege an den Innenrändern abgeschrägt, um die Bunze für die spätere Giesswinkelanlage in der Matrize zu gewinnen. Jede Form muss derart geschlossen werden, dass sich die Ecken nicht spannen; ein Spannen kann aber nie eintreten, wenn das Schliessen so erfolgt, wie die Abbildung dies zeigt, d. h. mit überlaufendem Steg an jeder Seite.

beim Schlagen der Matrizen zu vermeiden, lässt man zwischen den schrifthohen Stegen auf jeder Formenseite eine $1/4$ Petit breite Spalte zum Entweichen der Luft. Bei abgeschrägten Stegen, welche an den Ecken ohnedies nicht voll anschliessen, ist diese Vorsicht hinfällig.

Nunmehr wird der Satz genau in die Mitte des Schliessrahmens geschlossen, und ist bei dieser Arbeit besonders darauf zu achten, dass sich keine Zeile verschiebt, dass der Satz in allen Teilen Halt besitzt und dass im Satz befindliche Stöcke genau auf Schrifthöhe abgerichtet sind. Vor dem letzten Anschliessen wird die Form, wie zum Druck, geklopft. Ist der Satz rein und war derselbe vorher mit Terpentin nicht in Berührung gekommen, so wird die Form nur mit einer trockenen Bürste abgerieben und hierauf leicht eingeölt: einige Tropfen Motoröl oder Speiseöl auf den Handballen tropfen, auf demselben verreiben und leicht über das Satzbild streichen. Das Einölen hat so schwach als möglich zu erfolgen, um einem späteren Blättern der Matrize vorzubeugen. War die Form mit Farbe bedeckt, so wird letztere durch Waschen mit Benzin oder Petroleum entfernt; beide Waschmittel sind nur tropfenweise anzuwenden, dass ein Durchdringen der Nässe durch die Form nicht stattfinden kann. Empfehlenswert ist die Anwendung meiner Sicherheitsspritzflasche, welche jede Explosionsgefahr

Sicherheitsspritzflasche.

ausschliesst und den Benzin- oder Petroleumverbrauch tropfenweise regelt. Nach dem Einspritzen sofort mit der harten Borstenbürste stark nachreiben, die Form wird nach einigen Augenblicken blank

1*

erscheinen. Sind Holzstöcke, Galvanos oder Zinkätzungen im Satz, welche früher mit Terpentin gereinigt waren, so sind dieselben vor dem Schliessen besonders mit Petroleum oder Benzin abzureiben, um alle Terpentinreste zu entfernen, denn das auf den Stöcken haftende Terpentin wird im Trockeninstrument harzig und lässt die Matrize nicht ab; entweder bleibt letztere schon auf der Form hängen oder sie zerreisst beim Abnehmen vom Guss. Ist der Arbeitende den Stöcken gegenüber nicht ganz sicher, will er besonders vermeiden, dass die Matrize nach erfolgtem Trocknen beim Abnehmen von der Form am Holz- oder Zinkbilde oder später an diesen gefährlichen Stellen am Guss nicht hängen bleibe, so beugt er diesen Störungen dadurch vor, dass er, bevor die Matrize zum Einschlagen auf die Form gebracht wird, auf jeden Stock ein Blättchen Indiaseidenpapier und dann erst über die ganze Form, abschliessend mit den schrifthohen Stegen, die Matrize legt. Viele helfen sich auch durch Einreiben der Stöcke mit feinem Graphit, wie solcher in der Galvanoplastik Anwendung findet. Wenn die Matrize später auf der Form getrocknet ist, entfernt man das Seidenblättchen wieder. Die Schärfe des Bildes leidet, wie viele fürchten werden, durch dieses leichte Abwehrmittel in keiner Weise; sollten aber doch so selten feine Stöcke zur Stereotypie gelangen, dass durch das Auflegen eines Seidenschutzblattes für die Schärfe des Bildes gefürchtet wird, dann empfehle ich, solche Schnitte vorher galvanisch vervielfältigen zu lassen und das Galvano in den stereotypierten Satz einzulöten.

Wer einen flinken Schreiner an der Hand hat, soll die Holzschnittstereotypie nicht fürchten; doch ist es immer gut, Holzschnitte für sich allein zu stereotypieren und später in die Satzplatte einzulöten. Die Trockenpresse ist sehr heiss, die Matrize aber sehr dünn zu halten, d. h. den Kleister wasserdünn und auf kaltem Wege anrühren, worüber später mehr gesagt wird. Platzt der Holzschnitt wirklich, so kann er vollständig korrekt wieder verbunden werden, wenn ihn der Schreiner sofort verleimt, bevor sich das Holz in seiner Bruchlinie verändert hat.

Das Stereotypieren der Holzschnitte bleibt nach wie vor eine schwierige, nur mit grösster Vorsicht zu behandelnde Arbeit. Ist man sich in Bezug auf die Haltbarkeit der Stöcke, besonders wenn solche aus verschiedenen Stücken zusammengeleimt sind, nicht ganz sicher, so legt man auf die eingeklopfte Matrize eine Lage von zehn Bogen Kupferdruckpapier und zuletzt ein Zinkblech, alsdann dreht man die Form um, so dass das Zinkblech nach unten zu liegen kommt und bringt sie in dieser Lage in den Apparat, dreht die Spindel leicht zu und bleibt dabei stehen. Nach fünf Minuten, einen genügend heissen Apparat vorausgesetzt, kann man die Form heraus- und die Matrize abnehmen und man wird finden, dass der Stock unbeschädigt ist. Die Matrize enthält immer noch Feuchtigkeit und wird darum frei auf die heisse Trockenplatte gelegt, bis sie vollständig trocken ist. Das Nachtrocknen schadet der Matrize nicht, da sie durch das heisse Vortrocknen genügende Bildglätte empfangen hat und letztere durch das eigentliche Abdampfen nicht beeinträchtigt wird. Das freiliegende Nachtrocknen kann auch auf solche Matrizen, welche im Apparat zu lange Zeit zum Trocknen in Anspruch nehmen, ausgedehnt werden; die Matrizen verziehen sich, wenigstens bei meinem Kupferdruckpapier, nicht und geben immer gute, fehlerfreie Güsse. *Ein anderes Mittel*, Holzschnitte mit oder ohne Satz zu stereotypieren, ohne dass der Stock, der über eine Grösse von 100 ☐ cm nicht hinausgehen darf, beschädigt wird, besteht in einem etwas primitiven, aber doch sehr praktischen Verfahren. Man legt auf die eingeklopfte Matrize sechs Bogen Kupferdruckpapier und bügelt dasselbe mit einem heissen Stahl, Hammer oder Bügeleisen. Die Hitze zieht die Nässe aus der Matrize in das oben liegende Kupferdruckpapier und dieses wird so lange erneuert, bis sich keine Nässe mehr zeigt. Alsdann wird die Matrize abgenommen und behandelt, wie oben angegeben. Es empfiehlt sich, auf möglichste Sauberkeit der Holzschnitte zu halten. Alte Schnitte sollten sämtlich über Nacht in Petroleum oder Benzin, mit dem Bild etwa 1 Millimeter nach unten einliegend, gelagert werden, um jeden alten Farberest zu entfernen, desgleichen die Harzteile, die sich in den Vertiefungen durch das frühere Reinigen mit Terpentin gebildet haben. An farbehaltigen Stellen bleibt der Guss unbedingt hängen. Wirklicher Schutz gegen das Springen der Stöcke ist nur im Kaltverfahren gegeben. Die Matrize wird nach dem Einklopfen vom Stocke genommen und zum freien Trocknen in die Trockenrahme gespannt. Das ist die vollendetste Anwendung der sogenannten Kaltstereotypie. Bei vorsichtiger Behandlung ist ein Unterschied zwischen freier und zwischen Formentrocknung mit blossem Auge nicht wahrzunehmen.

Zinkätzungen bieten häufig ungeahnte Schwierigkeiten, besonders wenn die Zeichnung grosse schwarze Flächen enthält. Kommt der Stereotypeur nicht zurecht und wird er durch wiederkehrendes Blasenziehen der Matrize zur Verzweiflung gebracht, so hilft auch hier nur wieder das Indiaseidenpapier, unser bestes Schutzmittel in der Stereotypie. Den Kleister auf alle Fälle sehr dünn halten und die Matrize scharf trocknen, ganz gleich, ob auf der Form oder im Spannrahmen. Vor dem Guss wird das Bild der Matrize so lange mit Graphit gebürstet, bis dasselbe eine glänzend schwarze Fläche zeigt. Vor jedem weiteren Guss ist das Bürsten mit Graphit zu wiederholen. *Alle Clichématrizen werden auf der Form nach dem Einklopfen mit einem Falzbein durch wiederholtes Reiben abgeglättet, um ein glattes, sauberes Bild zu erzielen.*

Plakatbuchstaben, durch Stereotypie auf gewöhnliche Art vervielfältigt, zeigen beim späteren Druck weisse, hohle Stellen. Um diese Stellen zu verhindern, empfiehlt sich das Abreiben der Matrize auf der Form. Ein glattes, rundes Holzstück wird mit feinem Schmirgelpapier umwickelt und mit diesem Polierholz werden die Buchstabenränder im Deckbogen, der für solche Zwecke aber zweckmässig aus Kupferdruckkarton bestehen muss, so lange zart gerieben, bis sie auf gleiche Fläche mit dem inneren Buchstabenbilde gerichtet sind.

Besteht die zu stereotypierende Form aus splendidem Satz mit Hohlstegen, aus Querlinien- oder aus Tabellensatz, dessen Hohlstege

Markierter Satz, mit Pappstreifen ausgelegt.

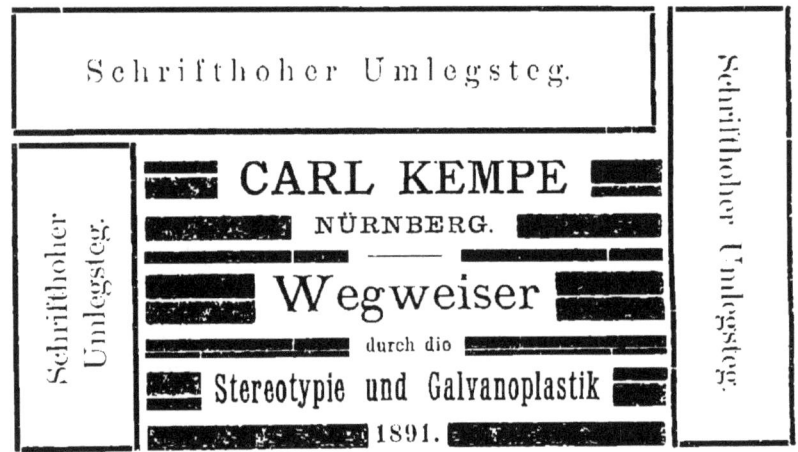

eine Cicero niedriger sind als die Schrifthöhe, so greift man zu ¹/₂ Petit starkem Pappendeckel, schneidet denselben in kleine, etwa 4 Cicero lange Stücke und legt damit die tiefen Stellen der Form aus. Tabellen ohne Querlinien werden ausserdem noch so geschlossen, dass die auslaufenden Linien bis an den Stereotypiesteg stossen, Ciceroregletten für den Matrizenrand am Fusse des Satzes also nicht dazwischen gelegt werden; abgeschrägte Stege auf Schrifthöhe werden einfach umgedreht. Die flache Randseite der Matrize dient später zum Ankleben der Gussfahne. Die vermiedene Bunzenbildung am Fusse der Tabelle gibt dem Arbeitenden die genügende Sicherheit, die Matrize an den Linienenden nicht durchzuschlagen und einem etwaigen Einfliessen des Metalls, das oft dem Verderben der Matrize gleich zu achten ist, vorzubeugen.

Die Bereitung der Matrize.

Die Ängstlichkeit und Umständlichkeit in der Herstellung der Matrizen hat seit Einführung meiner Matrizentafeln, meines Matrizenpulvers und meiner Streotypiepapiere aufgehört. Es bleibt sich ganz gleich, ob jemand nur mit meinen Matrizentafeln arbeitet, sich also die Papiermatrize nicht selbst zusammenklebt, oder ob er sich die letztere mit dem von mir fabrizierten Matrizenpulver und mit den dazu gehörigen Papieren für jede Form extra bereitet. Die Sicherheit im Arbeiten ist stets die gleiche. Da die Matrizentafeln in drei verschiedenen Stärken (A, B und C) und für *alle* Formate passend geliefert werden, so kann sich jeder Besteller die ihm gut dünkende Art und Grösse aussuchen. Wer Matrizentafeln verarbeitet, zieht jede einzeln durch kaltes Wasser, ebenso wird mit zwei gewöhnlichen ungeleimten Pappendeckeln verfahren. Da die Pappendeckel das Wasser sofort aufsaugen, so sind sie zum Aufbewahren und Feuchthalten der Matrize bestens geeignet. Man nimmt eine dicke Zinkplatte, im Notfalle eine selbstgegossene Bleiplatte, legt einen nassen Filz und einen nassen Pappendeckel darauf und auf diesen die nasse Matrizentafel und so abwechselnd weiter auf jede Matrizentafel eine nasse Pappe, zuletzt bedeckt man das Ganze wieder mit einer nassen Pappe und einem nassen Filz nebst Metallplatte und lässt einige Stunden ziehen, bis die Matrizen weich und geschmeidig sind. Die Matrizentafeln können wochenlang in dieser Feuchtigkeit erhalten werden, ohne zu verderben.

Für die Tabellenstereotypie ist das langsame Feuchten zwischen nassen Filzen am empfehlenswertesten, weil die Matrizentafeln mehr Widerstandskraft gegen den Bürstenschlag bewahren. Wem das permanente Feuchthalten der Matrizentafeln aber zu umständlich ist, der macht es folgendermassen. Bevor die Form geschlossen wird, schneidet man sich von der trockenen Matrizentafel, wie solche aus meiner Fabrik hervorgehen, ein entsprechendes Stück ab und legt dieses in ein Gefäss, das kaltes Wasser enthält, mit der S-Seite nach oben; *alle Tafeln sind auf derjenigen Fläche, welche auf den Satz zu liegen kommt, mit einem S gestempelt.* Nach 5 bis 20 Minuten, je nach der Tafelstärke, wird man bemerken, dass sich die Seidenpapierschichten zu lösen beginnen, ein Zeichen, dass die Matrize durchfeuchtet ist. Vorsichtig, damit sich die Lagen nicht verschieben, aus dem Wasser genommen, muss die Matrize vollkommen durchsichtig sein; ist das nicht der Fall, so bleibt sie noch einige Minuten im Wasser liegen, bis dieses Zeichen sich einstellt. Nunmehr wird die nasse Matrize zwischen Löschkarton, Kupferdruck- oder Trockenfliesspapier, überhaupt zwischen einige ungeleimte Papierbogen gelegt und alles Wasser gründlich abgestrichen. Mit der linken Hand drückt man an und streicht mit der rechten Hand langsam und zart so lange aus, bis die Matrize jeden Wasserschein verloren hat. Abfliessender Kleisterstoff stört nicht, da die Matrizen mit solchem überreich, für diesen Fall berechnet, gesättigt sind. Durch das zarte Streichen entfernt man auch alle Luftblasen, die sich durch das Wasser gebildet haben. Während der Stereotypeur die Form schliesst und herrichtet, muss die Matrize im Wasser durchfeuchten, damit eine Arbeit flott in die andere greift.

Wer *sich seine Matrizen selbst bereiten will*, findet dazu viele Hilfsmittel. In erster Linie ist ein gutes Papier, das überhaupt nicht gut genug sein kann, notwendig. Je feiner und gleichmässiger der

Papierstoff ist, um so schärfer und klarer wird das Bild. Man täusche sich nicht durch die Annahme, für die Stereotypie sei alles gut genug, wie es hier und da der Fall ist; wenn es ans Drucken geht, dann rächt sich diese Annahme in empfindlicher Weise. Matrizen, welche aus ungleichen Papieren, wie beispielsweise aus Löschpapier mit hellen und dunklen „flockigen" Stellen, oder aus billigem, holzstoffhaltigem Kupferdruckpapier bestehen, wie solches von der billig sein wollenden Konkurrenz angeboten wird, geben keinen ebenmässigen Guss. Kommt solche Platte in die Maschine, dann hat der Maschinenmeister gewiss die doppelte Zeit zum Zurichten nötig als bei Güssen, welche von Matrizen aus echten, holzfreien Kupferdruck- und besten Seidenpapieren gewonnen wurden. Die Matrizen bestehen in der Flachstereotypie aus:

   a) 1 Bogen Kupferdruckpapier,
     1 „ Seidenpapier,
     1 „ Kupferdruckpapier,
     4 „ Seidenpapier;

in der Rotationsstereotypie aus:

   b) 1 Bogen Kupferdruckpapier,
     1 „ Seidenpapier,
     1 „ Kupferdruckpapier,
     3 „ Seidenpapier.

Eine vortreffliche Matrize erhält der Rund-, wie der Flachstereotypeur auch mit folgender Zusammenstellung:

   c) 1 Bogen gefeuchteter Kupferdruckkarton,
     4 „ Seidenpapier.

Diese Matrize gewährt viele Vorzüge und wird von erfahrenen Stereotypeuren sowohl für Kalt- wie für Warmstereotypie gern angewandt. Stereotypeure, welche mit Kupferdruck nicht arbeiten wollen, nehmen für a und b feines rotes Trockenfliess, das ebenfalls holzfrei sein muss und von mir auch holzfrei geliefert wird.

Erfordert eine Arbeit eine aussergewöhnliche Tiefe, so wird sowohl in der Flach- wie in der Rundstereotypie als letzter Bogen, der ja immer auf die Schrift zu liegen kommt, ein Bogen Indiaseiden genommen, welches sehr tiefen Schlag ohne ein Rupfen der Matrize und eine grosse Zahl von Güssen gestattet. Matrizen, mit einem Bogen Indiaseiden versehen, werden so tief und so scharf wie in der Gipsstereotypie. Wird die Matrize gleichmässig und mit Geduld geschlagen, so hat jeder Fachmann seine Freude an den nachfolgenden Güssen. Satz für Indiamatrizen muss aber unbedingt mit Öl leicht angerieben werden, sonst bläht und rauht die Matrize und der Guss ist verloren.

Als *Stereotypiekleister*, das ist der Pastenstoff, der die Widerstandsfähigkeit der Matrizen gegen den heissen Metallguss sichert, kann mancherlei Klebstoff verwendet werden und sind darüber ebenso viele Rezepte als Stereotypeure vorhanden. Seit dem Jahre 1883 am besten bewährt hat sich *mein präpariertes Matrizenpulver*, das für Kalt- und Warm-, für Rund- und Flachstereotypie gleich vorzüglichen

Klebstoff bietet. *Der Kleister aus meinem Matrizenpulver* wird für die *Kaltstereotypie* durch Mischen von einem Glas Matrizenpulver mit einem Glas kaltem Wasser und für die *Warmstereotypie* durch Mischen von einem Glas Matrizenpulver mit 1½ Glas kaltem Wasser bereitet. Es empfiehlt sich, das Matrizenpulver zunächst mit einer Wenigkeit Wasser zu begiessen, mit einem Stück Holz durchzurühren und, wenn sich keine trockenen Pulverknoten zeigen, den Rest des Wassers nachzugiessen. Auf diese Weise bereitet, ist der Kleister in 2 bis 3 Minuten vollständig knotenfrei und strichfertig. Es wird in der Regel nur so viel Kleister angerührt, als für den Tag gebraucht wird; bleibt Kleister übrig und er trocknet ein, so wird dieser eingetrocknete Rest nur wieder mit kaltem Wasser angerührt und es kann der Rest wie frischer Kleister verwendet werden. *Der Kleister wird nie sauer* und die damit bereiteten Matrizen werden von Ungeziefer nicht angegriffen. Wer biegsame Matrizen haben will, bleibt bei der kalten Lösung, wer gern mit sogenannten brettharten Matrizen arbeitet, kocht den knotenfreien, kalten Kleister 5 Minuten über schwachem Feuer unter fleissigem Rühren auf; wird er zu dick, so wird heisses Wasser nachgegossen. Das Streichen der einzelnen Papierlagen er-

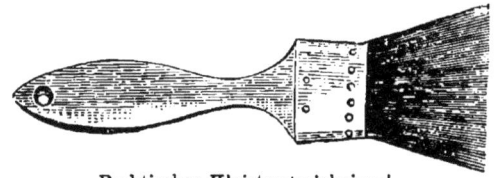

Praktischer Kleisterstreichpinsel.

folgt mit einem breiten handlichen Pinsel, und wird der Kleister auf dem Kupferdruckpapier stärker und auf dem Seidenpapier schwächer aufgetragen. Wird das Seidenpapier zu dick bestrichen, so reisst es, sobald der Stereotypeur den Bogen mit der flachen Hand auflegen und ausstreichen will. Die Matrizen werden stets der Länge nach gestrichen. Der Stereotypeur nimmt, wenn er die einzelnen Bogen auflegt, die linke Oberecke des Bogens in die linke Hand und die rechte Unterecke in die rechte Hand, legt den Bogen auf der rechten Ecke zuerst auf und gibt Acht, dass die Vorderkante des in den Händen befindlichen Bogens genau auf den gleichen Rand des unteren Bogens zu liegen kommt; er hält aber immer noch mit der linken Hand den Bogen möglichst hoch und lässt denselben erst mässig sinken, wenn er die rechte Hand frei hat und mit dieser, zart und gleichmässig von rechts nach links streichend, den Bogen faltenfrei auflegt. Bleibt eine Falte, so ist das kein Unglück, da die Falten sich beim Klopfen herausschlagen. Sind an einem Tage mehrere Matrizen notwendig, so bereitet man sich morgens die erforderliche Zahl und legt die Matrizen, nur durch einen Streifen Papier als Merkzeichen voneinander getrennt, zwischen Zink- oder Bleiplatten. Bleiben Matrizen für den andern Tag übrig, so legt man oben und unten zwei nasse Filze und dann erst die Zinkplatten auf, ähnlich wie beim Feuchten der Matrizentafeln. Für die Warmstereotypie können die Matrizen eine ganze Woche in Vorrat gehalten werden, für die Kaltstereotypie ist es besser, wenn die Matrizen 2 bis 3 Stunden vor dem Schlagen frisch bereitet werden.

Der Unterschied zwischen der Kalt- und Warmstereotypie besteht nur im Trockenverfahren. In der Kaltstereotypie, die meist nur für Zeitungen und auf Zeitungspapier zu druckende Stereotypen angewendet wird, wird die eingeklopfte nasse Matrize von der kalten Satzform genommen, in einen Doppelrahmen gelegt, darin festgespannt und über den heissen Metallkessel gelegt. Über dem heissen Metall trocknet die Matrize in 2 bis 4 Minuten. Bevor die Matrize in den Rahmen gelegt wird, wird derselbe stark vorgewärmt. Auf das anfänglich lappige Schwanken der nassen Matrize braucht keine Rücksicht genommen zu werden. Die Matrize wird in der Hitze alsbald straff. Die Matrizen dürfen nicht grösser als die Rahmen sein. Es empfiehlt sich, nur solche Herde zu verwenden, welche mit meiner patentierten Schutzvorrichtung versehen sind, in der sich die Hitze und der Bleidunst fangen; letztere dringen nicht in den Arbeitsraum und die Hitze wird dabei doch dem Trockenzwecke dienstbar gemacht. Wenn die Matrize trocken ist, was dadurch zu erkennen ist, dass sie einen hellen Ton von sich gibt, sobald die Finger darauf trommeln, so wird sie aus dem Rahmen genommen und gussfertig gemacht.

In der *Warmstereotypie* wird die eingeklopfte Matrize mit 6 Bogen Trockenfliesspapier bedeckt, auf dieses kommen 2 wollene Trockenfilze, entweder 1 weicher und 1 harter oder 2 harte, und darauf wieder 6 Bogen Trockenfliesspapier, dann oder auch vor der Auflage wird die Form in die heisse Trockenpresse gebracht und diese leicht angedreht. Vielfach wird auch der billige Haarfilz angewendet; Haarfilze werden aber sehr schnell nichtleitend und halten nicht den vierten Teil so lange als reine Wollfilze, welche im Preise freilich höher zu stehen kommen, trotzdem aber den Haarfilzen stets vorzuziehen sind. Die Trockenpresse wird nach 5 Minuten wieder aufgedreht, die dampfeuden Trockenpapiere und Filze werden entfernt und durch die gleichen Lagen trockener Filze und Papiere ersetzt. Nach weiteren 5 Minuten kann die Matrize, *wenn die Trockenpresse zischend heiss war*, als trocken angesehen und die Form aus der Presse genommen werden. Ist die Trockenpresse durch mangelnden Dampf oder schlechte Feuerung nicht auf die nötige Hitze (120 Grad Celsius) zu bringen — daran zu erkennen, dass die Presse sich wohl heiss anfasst, aber beim Berühren mit Speichel nicht zischt —, so müssen die Trockenauflagen noch öfter gewechselt werden, da durch häufiges Wechseln das Trocknen wesentlich beschleunigt wird. In 20 Minuten muss aber jede Matrize trocken sein; *trocknen sie länger, so verlieren sie die Bindekraft und blättern nach dem Guss*. Will man sich vergewissern, ob das Trockeninstrument nicht zu heiss ist, so streut man einige Haarspatien auf dasselbe; bleiben die Spatien unverändert, schmelzen sie nicht oder krümmen sie sich nicht, so ist keine Gefahr vorhanden und die Form kann ohne Bedenken eingelegt werden.

Wir kehren zu der bereiteten Matrize noch einmal zurück. Ist dieselbe zum Schlagen fertig, so kommt sie auf die Form und das Einklopfen beginnt. Die Meisten bedienen sich einer Bürste ohne Stiel, doch bleibt dies der Gewohnheit überlassen und empfiehlt es sich, dem Stereotypeur darin zu willfahren, wenn er lieber mit einer Stielbürste schlägt, da das Schlagen der Matrize geübt sein will und

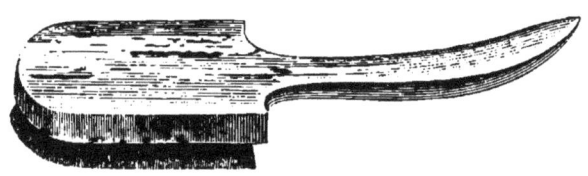

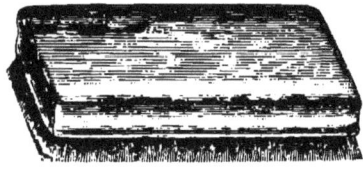

Klopfbürsten mit und ohne Stiel.

die Handgriffe schnell zur Gewohnheit werden. Je leichter man schlägt, je besser und gleichmässiger wird die Matrize, auch wird sie dabei an freistehenden Linien nicht leicht durchgeschlagen. Tabellensatz mit Querlinien schlage ich erst leicht vor, breite dann ein nasses Leinentuch über die Matrize und schlage auf dieser Schutzhülle vollends fertig, die Matrize wird tief zur Genüge und erleidet keine Beschädigung. Ist der Einschlag beendigt, so wird das Tuch entfernt und zum Auslegen der tiefen Stellen — Bunzen genannt — geschritten. Alle Matrizen werden mit sogenanntem „Natronat" oder auch mit trockenem Matrizenpulver gänzlich ausgefüllt und dann erst der braune, mit Matrizenpulverkleister dünn gestrichene — die Nässe des Kleisters muss das braune Papier vollständig durchdringen — Deckbogen aufgelegt. In der Warmstereotypie braucht der Deckbogen nicht nachgeklopft zu werden; in der Kaltstereotypie ist der Deckbogen aber mit zahlreichen Ahlstichen zu versehen und tief nachzuklopfen, sonst bläht die Matrize im Trockenrahmen. Satzstellen von Breiten und Längen über 3 Cicero hinaus werden mit $^1/_2$ Petit starken geleimten Pappstreifen, die in 4 Cicero grosse Stücke gebrochen werden, ausgelegt. Lange Pappstreifen sind nicht anzuwenden, da solche die Matrize leicht beschädigen, *auch ist es gut*, wenn die einzelnen Pappstücke mit etwas Stärkekleister oder Gummi arabicum schwach versehen und in die Vertiefungen der Matrize eingeklebt werden. Mit Natronat oder Matrizenpulver ausgefüllte Matrizen zeigen schöne abgerundete und überall gleichmässige Bunzen. Ist die Matrize aus- und der Deckbogen aufgelegt, dieser auch kräftig eingeschlagen, so klopft man die Matrize mit einem glatten Klopfholz leicht nach und bringt sie dann in das betreffende Trockeninstrument.

Rund- und Flachstereotypeure, welche ihre Bunzen schnell tief haben wollen, um das Nachsticheln des Gusses zu ersparen, streuen das „Natronat" oder das Matrizenpulver möglichst dick auf, gleichen die trockene Masse mit der Kautschukzunge — Bunzenstreicher genannt — leicht aus und legen dann einen Bogen dünnes, trockenes Papier über die Masse, hierauf wird mit einer Walze von Walzenmasse über den trockenen Bogen gefahren; durch diese einfache Handhabe wird die Füllung tief in die Bunzen eingedrückt und die Matrizen geben sichere und schöne Güsse.

Fertig zum Guss.

Ist die Matrize eingeschlagen, so wird sie, wie angegeben, mit Trockenfliesspapier und Filz belegt und in die Trockenpresse gebracht. Bevor man diese zuschraubt, legt man auf den letzten Filz 6 Bogen Trockenfliesspapier und dreht nunmehr das Instrument leicht zu. Nach 5 Minuten wird wieder aufgedreht; ist das obenauf liegende Fliesspapier nass, was bei Herden mit hoher Hitzespannung nach 5 Minuten leicht der Fall ist, so ist die Matrize trocken und man kann die Form unbedenklich herausnehmen und die Matrize entfernen. Zeigte sich die Nässe der oberen Fliessbogen nicht, so wechselt man Filz und Papier, dreht wieder zu und wartet so lange mit dem Herausnehmen, bis man die bezeichnete starke Feuchtigkeit nach wiederholtem Aufdrehen wahrnimmt. Der vorsichtige Stereotypeur legt seine Matrize nicht grösser auf als bis an den äusseren Rand der schrifthohen Stege. Ragt die Matrize nicht über den Stegrand hinaus, dann braucht sie der Stereotypeur später nicht für den Guss zu beschneiden; wertvoller aber ist noch der Kunstgriff, dass eine knapp gehaltene Matrize, welche sich nicht um den Stegrand klemmt, nach erfolgtem Trocknen nur an einer Ecke gelockert zu werden braucht, um von selbst von der heissen Form zu springen; ist die Matrize noch nicht trocken, dann springt sie auch nicht ab. Die gewöhnliche Matrize wird beschnitten und zwar so, dass der von schrifthohen Stegen gebildete Rand 3 Cicero breit stehen bleibt, hierauf werden die hohen Abstandsbunzen im Matrizenrand mit dem Hammer flach geklopft, damit die Giesswinkel glatt aufliegen. Nunmehr nimmt man einen halben Bogen braun Deckpapier und klebt denselben an den Rand einer der beiden *schmalen* Flächen der Matrizen. Dieser angeklebte Bogen wird die „Gussfahne" genannt. Alsdann wird die Matrize und die Gussfahne auf der Gussfläche mit Talkum oder Graphit abgebürstet, das Überschüssige mit einem Stäbchen abgeklopft und die Matrize kommt in das Giessinstrument. Wird nur ein Guss von jeder Matrize verlangt, so ist das Talkieren unnötig. Die Matrize wird stets möglichst weit unten ins Instrument gelegt, damit der Guss einen weiten Fall hat; auch ist das Einlegen der Matrize dem langen Wege nach besser, als das Quereinlegen. Die Giesswinkel werden so aufgelegt, dass sie eng an die Randbunzen der Matrizen stossen. Über die Winkel und über den Mund des Giessinstruments hinausragend, kommt noch ein Bogen braun Deckpapier oder anderes festes Papier als „Gussbogen" und das Instrument wird geschlossen. Befindet sich in der Stereotypie ein Giessinstrument, das nicht besonders geheizt werden kann, wie dies bei vielen stehenden Instrumenten grosser Einrichtungen der Fall ist, so ist ein derartiges Instrument durch vier schrifthohe Leergüsse vorzuwärmen, ehe die Matrize hineinkommt. Alle Leergüsse haben zwischen je einem Bogen Druck- oder Deckpapier über und unter den Winkeln zu erfolgen. Bei kombinierten Apparaten, wie bei meinen „Widder"- und bei meinen kleinen Konstruktionen, wärmt das Giessinstrument durch die Hitze des Metallkessels selbst vor. Ist das Instrument in giessmässiger, senkrechter Stellung und die Matrize darin gut angewärmt, so schreitet man zum Guss, doch vorher ist das Metall auf seine Güte zu prüfen, von welchem Gegenstand das nächste Kapitel handelt.

Vom Stereotypmetall; seine Reinigung und Legierung.

Stereotypmetalle werden entweder im fertig legierten Zustande bezogen oder in der Stereotypie selbst legiert, das heisst nach dem gewünschten Fluss- und Härtegrade zusammengesetzt.

Wer selbst legieren will, richtet sich nach seiner Auflagenhöhe und schreitet demeutsprechend zum Ankauf der Rohmetalle.

1. Für *Auflagen bis zu 20,000 Höhe* genügen
   90 Teile Weichblei,
   10 „   Antimon regulus.

Das Weichblei wird für sich allein geschmolzen und dann mit Hilfe des Reinigungspulvers, von welchem am Schlusse dieses Abschnittes näher gesprochen wird, wenigstens zweimal gründlich gereinigt. Ungereinigtes Weichblei zeigt bläulichen Fluss, während gereinigtes Weichblei helleren Schein zeigt. Während des Schmelzens des Weichbleies wird das Antimon in Stücken von Taubeneigrösse geschlagen und nach erfolgter Reinigung des Weichbleies diesem letzteren zugesetzt. Das Metall wird nun auf hoher Temperatur erhalten und so lange mit einem Eisen- oder Holzstabe verrührt, bis das Antimon sich mit dem Weichblei innig vermischt hat. Bei einem Probeguss wird das vermischte Metall einen widerstandsfähigen und hellgrauen Bruch zeigen, während das Weichblei vorher biegsam war und einen Bruch nicht zuliess. Diese Mischung entspricht meiner fertigen Metallsorte Nr. I, welche je nach dem Kursstande der Rohmetalle von Mk. 44.— bis Mk. 48. — per 100 Kilo ab Nürnberg oder ab Aschersleben am Harz abgegeben wird.

Wer auf häufigen Umguss der Stereotypen nicht rechnet und sich der Mühe des Reinigens, ohne eigene Legierung, unterziehen will, kann auch sogenanntes Grubenhartblei, welches in den Bleibergwerken zu Freiberg, Harzgerode und Stolberg als Naturprodukt gewonnen wird, kaufen und stellt sich der Preis je nach Antimongehalt und Kursstand hierfür auf 36 bis 48 Mark. Grubenhartbleie scheiden bei sorgfältiger Reinigung durchschnittlich 10 % Krätz aus. Der Metallkonsument hat demnach bei Ankauf von Hartblei diesen Umstand mit ins Auge zu fassen.

2. *Metalle*, welche *hohen Auflagen* dienen und wiederholtem Umguss ausgesetzt werden sollen, erfordern vermehrten Antimongehalt und Zinnzusatz. Ein gutes Rotationsmetall, sowie ein leichtflüssiges und widerstandsfähiges Flachgussmetall muss daher wie folgt zusammengesetzt werden:

79 Teile Weichblei,
17　„　Antimon regulus,
4　„　Bankazinn.

Weichblei und Antimon behandeln, wie unter 1 angegeben und zuletzt das Zinn beigeben. Diese Legierung entspricht meinem fertigen Metall Nr. II, welches ich je nach Kursstand von Mk. 54.— bis Mk. 60.— per 100 Kilo abgebe. Eine Zwischensorte führe ich dann noch unter Nr. Ia, welches aus

83 Teilen Weichblei und
17　„　Antimon regulus

besteht und besonders für heissen Guss in der Rundstereotypie und für Lagerplatten mit hohen Auflagen in der Flachstereotypie bestimmt ist. Der Preis dieser Nr. Ia schwankt zwischen 50 und 55 Mark.

3. Ein ausserordentlich hartes und besonders für hohe Auflagen im Rotationsdruck berechnetes Metall wird aus

76 Teilen Weichblei und
24　„　Antimon regulus

legiert. Von diesem Metall, das ich als Rotationszusatzmetall Nr. III zusammensetze und zum jeweiligen Preise von 58 bis 65 Mark abgebe, sollte jede Rotationsstereotypie, die Antimon selbst nicht legieren will, ihrem Kesselinhalt jede Woche 5 % beigeben, um den Verlust zu ersetzen, der durch das tägliche Umschmelzen der ausgedruckten Platten und durch Verdampfung und Krätzbildung entsteht.

4. Das beste Stereotypmetall ist unstreitig jenes, welches von mir als Nr. IV aus

70 Teilen Weichblei
23　„　Antimon regulus und
7　„　Bankazinn

zusammengestellt wird. Da eine solche Mischung naturgemäss sehr hohe Unkosten bedingt und von mir je nach dem Kursstande zwischen 70 und 78 Mark berechnet werden muss, so ist mit der Anwendung dieser Nummer sehr sparsam zu verfahren und nur für ganz exponierte Satzarten, wie feine Schnitte, Ätzungen, Tabellen mit Querlinien bei hohen Auflagen und besonders für gemischten Nonpareillesatz in Wörterbüchern, dessen Guss oft grossen Schwierigkeiten, insoweit klarer, scharfer Guss und Widerstandsfähigkeit in Frage kommt, begegnet, zu verwenden. Speziell legiere ich diese Nr. IV als *Zusatzmetall in der Flachstereotypie*. Wird alte Schrift in der betreffenden Stereotypie eingeschmolzen, so muss diese, wie unter 1 gesagt, gründlich gereinigt werden und ist eine dreimal hintereinander folgende Reinigung mittelst Legierpulver nur zu empfehlen. Wird dem Schriftmetall alsdann der vierte Teil Gewichtsmenge von dem Zusatzmetall Nr. IV beigeschmolzen, so erhält die Stereotypie ein ganz vorzüglich fliessendes hartes Metall, das in seiner Qualität nur schwankt, wenn in dem Schriftzeug minderwertiges Metall enthalten war. Da jedoch jede Schriftgiesserei darauf angewiesen ist, hochantimonhaltige, also hart- und widerstandsfähige Schriften zu führen, so wird der Stereotypie-Inhaber in der Regel ein gutes Metall sein eigen nennen.

5. *Steg- und Reglettenguss*. Viele Druckereien, welche mit Stereotypie arbeiten, giessen sich ihre Hohlstege und Regletten selbst. Beim Guss von Stegen und Regletten ist nur darauf zu halten, dass das betreffende Instrument recht heiss gehalten und vor dem ersten Guss mit Rötelteig seiner ganzen Gussfläche nach eingerieben wird. Rötelteig besteht aus einer Mischung von pulverisiertem roten Bolus, angerührt mit kaltem Wasser. Ist der Rötelteig angetrocknet und knotenfrei wieder abgerieben, so dass nur ein roter Schein an den Gussleisten haften bleibt, so kann zum Guss geschritten werden. Als Gussmetall genügt das Metall Nr. I, wie unter 1 dargestellt. Das Hohlsteginstrument wird mittelst guter Quadraten auf Stellung ausgemessen und gestellt. Vor dem ersten Guss sind die Stellschrauben etwas zu lockern und, wenn das Instrument erhitzt ist, nachzuziehen, so dass ein ungleicher Guss nicht erfolgen kann. Ein besseres Metall für Stege und Regletten anzuwenden, wäre nicht ratsam, da beschädigte Gegenstände ohnehin leicht umgegossen werden können. Altes Schriftzeug darf o h n e vorausgegangene Behandlung mit Reinigungspulver n i c h t verwendet werden.

6. *Hintergiessmetall für Galvanos*. Dasselbe besteht aus

94 Teilen Weichblei und
6 „ Antimon regulus.

Grubenhartblei ist für diesen Zweck unter keinen Umständen anzuraten. Eigene und die Erfahrung alter Fachgenossen stellte fest, dass Galvanos, welche mit Grubenhartblei hintergossen, d. h. auf Cicero oder andere Höhe gebracht waren, beim Druck abliessen; sie reissen sich vom Guss los und richten unter Umständen grosse Verheerungen in der Satzform an, darum kann vor Anwendung des

Grubenhartbleies in der Galvanoplastik nicht dringend genug
warnt worden, während vorstehende Legierung sich bestens bewäh[rt].
Grubenhartblei verbilligt ja oftmals die Legierung ganz bedeute[nd],
doch nur dann, wenn eigene Untersuchung dieses Metalles über
Beschaffenheit befriedigenden Aufschluss gibt und eine erfahr[ene]
Reinigung den späteren Krätzverlust auf das äusserste Minim[um]
herabsetzt.

Das Reinigen der Metalle wird mit Hilfe des Reinigungspulv[ers]
— auch Legierpulver genannt — wie folgt ausgeführt: Das rohe Me[tall]
wird im Schmelzkessel auf so hohe Temperatur gebracht, dass
zerbröckelte Holzkohle, welche in Nussgrösse etwa 2 bis 3 Finger h[och]
über die ganze Metallfläche gestreut wird, in längstens 10 Minu[ten]
zu glühen beginnt. Tritt dieser Prozess ein, so streut der Ster[eo]
typeur über die Holzkohlen eine Schicht Reinigungspulver in H[öhe]
von etwa 5 Millimetern und rührt das Ganze mit einem Holzst[ab]
— auf keinen Fall Eisen — so lange kräftig untereinander, bis die H[olz]
kohle zu Asche verbrannt ist. Diese feinpulverige Asche wird ab[ge]
schöpft und dann auf gleiche Weise das Reinigungsverfahren wied[er]
holt. Stark verkrätzte Rotationsmetalle, welche mit Reinigungspul[ver]
noch nie behandelt wurden, müssen jedoch dreimal hintereinan[der]
gereinigt werden. Alle Metalle aber, welche schmutzigen Guss, [der]
nicht von schmutzigen „Matrizen" herrührt, ergeben oder wei[sse]
Stellen im Druck zeigen, müssen in bestimmten Zwischenräum[en,]
mindestens aber alle Woche einmal, gereinigt werden, und gilt di[ese]
Vorschrift besonders für Rotationsbetriebe jeden Umfanges. I[m]
Reinigungspulver wird nach wissenschaftlicher Anweisung [aus]
Salpeter, Borax und Natron zusammengesetzt und hat sich bei al[len]
Bleiverunreinigungen besser als alle sonstigen Giessereihausmi[ttel]
bewährt.

Wer seinen Krätzabgang auf die Hälfte verringern und g[ute]
Güsse ohne Unterbrechung erzielen will, lasse das Reinigungspul[ver]
nie in der Stereotypie fehlen. Die Literbüchse kostet 1 Mk. 25[.]

Zum Schluss sei noch auf einen Fehler hingewiesen, der s[ehr]
häufig von Anfängern gemacht wird, indem sie bei reinen Metal[len]
auch graue, schaumartige Metallschwimmer abschöpfen, es ist d[ies]
das Antimon, das sich nach genügender Erhitzung und flei[ssi]
gem Verrühren wieder mit dem übrigen Metall verbindet und so [das]
gutflüssige, widerstandsfähige Stereotypmetall bildet. Wer die[sen]
Schaum abschöpft, vergeudet das Wertvollste des Metalls. Und [will]
der Schaum sich nicht mit dem anderen Metall verbinden will,
der Herd entweder zu schwach an Heizkraft oder das Metall [ist]
zu reich mit Antimon versetzt und aus diesem Grunde in schlech[ten]
Herden nur mit grossen Verdriesslichkeiten gussfähig zu erhalt[en.]
Ist der Schaum des Metalls griessartig und mit schwarzpulverig[en]
Teilen vermischt, so wurde zur Legierung eine schlechte Antim[on]
sorte verwendet und der Stereotypeur ist wiederum allen möglichen [Un]
fälligkeiten ausgesetzt. In diesem Falle muss ebenfalls schleuni[gst]
gereinigt werden.

Poröse Platten entstehen, wenn das Metall überhitzt und zu heiss gegossen wurde. *Poröse Stellen im Schriftbilde* kann der Flachstereotypeur, wenn er von der Güte seines Metalls überzeugt ist, unter allen Umständen vermeiden, indem er die Winkel nicht auf die Matrize, sondern *die Matrize auf die vorher in richtiger Matrizengrösse gestellten Giesswinkel legt*; alsdann kommt unter die Giesswinkel der Gussbogen zu liegen. Kann also der Stereotypeur die so fatalen „Löcher im Guss" nicht auf irgend eine Weise vertreiben, so giesse derselbe, wie soeben angedeutet, von unten und die Poren zeigen sich dann auf der Rückseite des Stereotyps, das Schriftbild bleibt tadellos und verrät nicht das kleinste Löchelchen. Der Rundstereotypeur kann sich oft helfen, wenn er die Giessflasche so schräg stellt, dass der Anguss fast senkrecht steht; besonders bei Instrumenten mit kleinem Anguss hat sich dieses Hilfsmittel vortrefflich bewährt.

Vom Guss.

Wenn eine Matrize viele Güsse aushalten soll, so ist zu beachten, dass das Giessinstrument möglichst heiss und das Metall möglichst kalt sein muss. Soll die Matrize nur einen guten Guss geben, so ist eine hohe Temperatur des Giessinstruments wohl empfehlenswert, aber nicht unbedingt nötig, weil der Guss heiss genommen werden kann und zweifellos gut wird, wenn die Matrize vollständig trocken war. Enthält die Matrize nur den geringsten Grad an Feuchtigkeit, so bleibt sie mit Vorliebe am Guss hängen oder sie blättert und ist meist für weitere Güsse verdorben. Zu heisse Güsse werden immer porös. Die Matrize bleibt auch am Guss hängen, wenn dieselbe ungleich geschlagen war und sind es dann die tiefen Stellen, oft auch die Kolumnentitel und besonders gefährdete freie Stellen und Schlusslinien, an welchen die Matrize reisst. Will die Matrize nicht abgehen, so klopft man mittelst einer Ciceroreglette so lange ringsherum von unten gegen den überstehenden Gussrand, bis die Matrize von selbst abspringt. Warum die Matrizen hängen bleiben, ist in dieser Abhandlung schon öfter gesagt worden: entweder durch ungleichen Schlag, durch alte Farbreste auf der Form oder durch Anwendung von Kleister, welcher zu viel Gummiklebstoff enthält, wie der auf warmem Wege bereitete oder der Kleister mit Leim- und Glycerinzusatz. Oft trägt auch mangelhaftes Seidenpapier die Schuld am Reissen der Matrizen, noch öfter aber übergrosse Metallhärte. Das Antimon hat die Eigenschaft, sich im kalten Zustande zu dehnen, enthält das „Zeug" nun zu viel Antimon, so kann der Stereotypeur alle Kunst aufbieten, um seine Matrize vom Guss zu bringen, falls derselbe erkaltet ist; darum bleibt der Guss, welcher die Matrize nicht ablassen will, am besten im heissen Instrument liegen, bis die Matrize, wie oben beschrieben, entfernt ist. Bei hängenbleibenden Flachmatrizen verliere nur niemand die Geduld; war die Matrize nicht zerschlagen, dann springt sie nach längerem Klopfen gegen de Unterrand doch von selbst ab. Die *Gussfähigkeit des Metalls zu erproben* gibt es drei Mittel: für den Anfänger bleibt das Merkmal der weisse Kupferdruckpapierspan, der vom kurzen Eintauchen in das Metall nu hellgelb werden darf, nicht braun, darum ist das Giessinstrument zu vorzuwärmen; für den Fortgeschrittenen genügt es, wenn er de Giesslöffel in dem Metall umwendet und keine Reste am Löffel sitzer bleiben; für den alten Praktiker bleibt die Handprobe das kürzeste Mittel: hält man die flache Hand über das silberfarbige Metall, s macht sich, wenn das Metall den richtigen Giessgrad erreicht hat eine Empfindung bemerkbar, als ob es heisse Wellen schlüge, di Hitze schlägt in kurzen Intervallen an die Handfläche. Diese Wahr nehmung kann man in stärkerem Massstabe immer machen, wen man die Hand über Metall hält, das schon einen gelben oder rote Schein zeigt; die Flüssigkeit ist dann durch sofortige Zugabe vo Stereotypmetall abzukühlen, wo nicht, so verbrennt es, und es gib später poröse Güsse. Man hüte sich, mit Wasser bespritztes Meta in den Kessel zu thun; in jedem Falle gibt es eine laute Explosio und der Stereotypeur kann sich durch aufspritzendes Metall empfind lich beschädigen. Brandblasen von heissem Metall werden sofort m Matrizenpulver oder, wo solches fehlt, mit Mehl bedeckt, um d Schmerzen zu lindern und Geschwüre zu verhüten.

Hat man sich auf eine der angegebenen drei Arten von de guten Flüssigkeit des Metalls überzeugt, so wird der Guss vorge nommen. Man schöpft reichlich in den Giesslöffel ein, wartet, b das Metall im Löffel Schaumansatz zeigt, und lässt es durch de Giessmund, der rechts und links durch Gusskeile gesperrt ist, g mächlich einlaufen; während des Eingiessens fährt man mit de Löffel wiederholt über die ganze Breite des Mundes, damit das Met; nicht nur über *eine* Stelle der Matrize einfliesst und letztere b schädigt. Der Giessmund soll vom Metall ganz mit angefüllt werde damit der Guss Druck hat; auch ist es gut, wenn man sofort nach de Guss das Instrument kräftig rüttelt, damit sich das Metall gut setz Beim Guss kleiner Arbeiten, bei welchen ohnedies der Anguss gro genug ist, braucht der Giessmund nicht angefüllt zu werden. Man set niemals während des Giessens ab, unterbreche den Guss also nicl Sollte der erste Guss matt sein, was bei sogenannten kalten Güss fast jedesmal der Fall ist, so lässt man sich nicht beirren und gies so lange fort, bis der Guss gut ist — in der Regel schon beim zweit Male, wenn das Instrument gut heiss war. Die Matrize soll be fünften Guss noch hellgelb sein; später bräunt sie so weit nach, d sie bei Oktavkolumnen mit dem 20. Guss zu bröckeln beginnt. kleiner die Matrize, desto mehr Güsse können erzielt werden. Na jedem Guss ist die Matrize von neuem zu talkieren. Es bleibt s ganz gleich, ob die Güsse auf Petit-, Garmond-, Cicero- oder Schr höhe, je nach der Winkelstärke, gehalten werden; die meisten We stätten giessen auf Cicerohöhe. *Wer auf Schrifthöhe giessen, a an Metall sparen will*, dem empfehle ich meine verstellbaren Hc fussleisten, wie solche in dem weiter unten folgenden Abschnitte abgebildet sind. Diese Leisten gestatten schon den Hohlfuss bei Platten von 4 Cicero Breite; sie sind auf jede Breite in wenigen Sekunden verstellbar und werden in allen Grössen und zu jedem Giessinstrument geliefert; sie sollten in keiner Stereotypie fehlen. (Siehe den Abschnitt vom schrifthohen Guss.)

Die letzte Arbeit des Stereotypeurs

ist das *Fertigmachen*. Der Anguss ist von dem eigentlichen Stereotyp zu entfernen, entweder durch Abschneiden mittelst Kreis- oder Handsäge oder durch Abschmelzen; das Abschmelzen ist besonders als schnell und sicher zu empfehlen, da der schwere Angussteil nur in den Kessel gehalten zu werden braucht und in wenigen Sekunden bis auf beliebige Entfernung vom Stereotypbilde abgeschmolzen ist. Alsdann wird die Platte auf der Bestosslade an allen vier Seiten gleichmässig mit dem Flachhobel bestossen. Wer auf Universalplatten oder auf Facettenstegen druckt, gibt der Platte einen abgeschrägten Rand mit dem Facettenhobel. Die Rückseite der Platte braucht nicht bearbeitet zu werden, wenn das Instrument sauber und eben gehalten wird und von genauer Gleichmässigkeit im Ober- und Unterteil des Giessinstruments ist. Für diese Gleichmässigkeit übernehme ich bekanntlich bei allen meinen „Widder"- und anderen Giessinstrumenten dreijährige Garantie. Um den jedesmal neu zu verwendenden Gussbogen zu ersparen, beklebt man die Rückseite des Instruments mit einem Bogen glatten Postpapier; die eiserne Fläche wird zuerst durch Abreiben mit Bimsstein von allen unreinen Teilen befreit, dann kommt der mit Stärkekleister knotenfrei gestrichene Bogen darauf und der Bogen trocknet kalt fest. Wird gegossen, wenn der Bogen noch feucht ist, so blättert er alsbald wieder ab, andererseits hält er die Hitze oft monatelang aus. Die Rückseite des Giessinstruments ist vor jedem Guss mit Talkum oder Graphit abzureiben, um das Abblättern des Gussbogens zu verhüten. Statt dieses angeklebten Bogens wird mit Vorliebe zähes Packpapier, das völlig knotenfrei sein muss, verwendet und das der Fachmann in meinem Gussfahnenpapier Nr. 1512 vertreten findet. Diese Papiere vertragen viele Güsse. Sollen die Stereotypplatten auf Holz genagelt werden, so sind sie nach dem Bestossen mit dem Drillbohrer oder, was noch schneller geht, mit der Lochmaschine zu lochen. — Wenn wir vom Fertigmachen des flach gegossenen Stereotyps absehen, so eignen sich alle Vorschriften, welche unter den Abschnitten über „Form", „Matrize" und „Guss" gegeben sind, auch vollkommen für die Rotationsstereotypie, welche weiter unten noch näher besprochen werden soll.

Schrifthoher Guss.

Schrifthohe Platten, welche sich nur in der Flachstereotypie herstellen lassen, wurden früher, vor Einführung der Rotationsmaschinen,

in den grossen Zeitungen täglich gegossen; sie waren zu jener Zei[t]
das Leidwesen aller Drucker und sind es, sobald der Vollguss i[n]
Frage kommt, bis auf den heutigen Tag geblieben. Jeder Vollguss
der über die Grösse von klein Oktav hinausgeht, fällt in der Mitt[e]
ein. Je grösser die Platte, je weiter zieht sich die Versenkung
Durch Anwendung der alten Hohlfussplatten für schrifthohen Gus[s]
suchte man dem Übelstande abzuhelfen und wurde mit diesem Hilfs[-]
mittel auch das gewünschte Ziel erreicht. Leider waren die alte[n]
Hohlfussplatten nicht verstellbar und konnten sie darum nur imme[r]
für ein bestimmtes Format angewendet werden; kleinere Werkstätte[n]
mussten auf ihre Anwendung gänzlich verzichten. Neben diese[n]
Hohlfussplatten waren, wie heute noch, Aufgussinstrumente in Ge[-]
brauch, in welchen einzelne Zeilen, Plakatbuchstaben, Galvanos un[d]
dergleichen, nachdem sie freihändig oder in anderen Instrumenten au[f]
Cicerostärke hergestellt waren, auf Schrifthöhe hintergossen wurde[n]
Für galvanoplastische Anstalten und Druckereien, welche häufi[g]
Galvanos zum Druck bekommen, sind derartige Instrumente auc[h]
heute noch zu empfehlen; leider erschwert der hohe Preis, welche[r]
durch die Eigentümlichkeit der schwierigen Bauart bedingt ist, ih[re]
grössere Verbreitung. Um diesen Schwierigkeiten nach Möglichke[it]
aus dem Wege zu gehen, kam ich auf die Idee, einfache Eisenstä[be]
mit Füssen zu versehen, dieselben auf Schrifthöhe abzurichten, saube[r]
zu hobeln und als sogenannte „*Hohlfussleisten*" zu verwenden. Di[e]
selben fanden schnell Anerkennung und weiteste Verbreitung. D[ie]
Hohlfussleisten sind konisch geformt, damit der schrifthohe Guss a[n]
dem schrägen Fuss genügenden Halt gewinnt und dem Brechen nic[ht]
unterworfen ist. Die Bildfläche wird Text stark, da die Leiste um s[o]
viel ausgekehlt ist. Hat jemand eine Foliokolumne zu stereotypier[en]
und will dieselbe unter Benutzung der Hohlfussleisten auf Schri[ft]
höhe giessen, so legt er die Matrize ins Instrument und den schri[ft]
hohen Winkel auf den Giessrand der Matrize. Vom unteren Bunze[n]
rande — der kurzen Schenkellänge des Giesswinkels — bleibt d[er]
Winkel um Cicerobreite entfernt. Die Einsatzfüsse der eiserne[n]
Leisten sind 1 Cicero breit. In die freigelassene Bahn des Gies[s]
randes der Matrize kommt ein Fuss der Hohlfussleiste zu stehe[n]
Man kann nun so viele Hohlfussleisten in einer Entfernung vo[n]
3 Cicero, oder mehr oder weniger, aneinander setzen, als man wi[ll]
Für eine Foliokolumne genügen fünf Leisten. Dieselben sind auf
und auf $3^{1}/_{2}$ Cicero Breite gearbeitet. Nebenstehende Zeichnung v[er]
anschaulicht die Anwendung der Hohlfussleisten.
Die Hohlfussleisten sind auf Leipziger und auf Pariser Hö[he]
vorrätig, alle in einer Länge von 46 cm gearbeitet, doch werden a[uf]
Wunsch auch andere Längen angefertigt. Die normale Länge v[on]
46 cm bietet den Vorteil, dass die Leisten für alle grösseren Inst[ru]
mente, von Apparat Nr. III einschliesslich beginnend, ohne weit[ere]
Berechnung passen und dass sie für Matrizen jeder Grösse ang[e]
wendet werden können. Jener der Giessmundöffnung zunächst stehe[nde]
Fuss liegt auf der sogenannten Gussfahne auf und wird durch Unt[er]

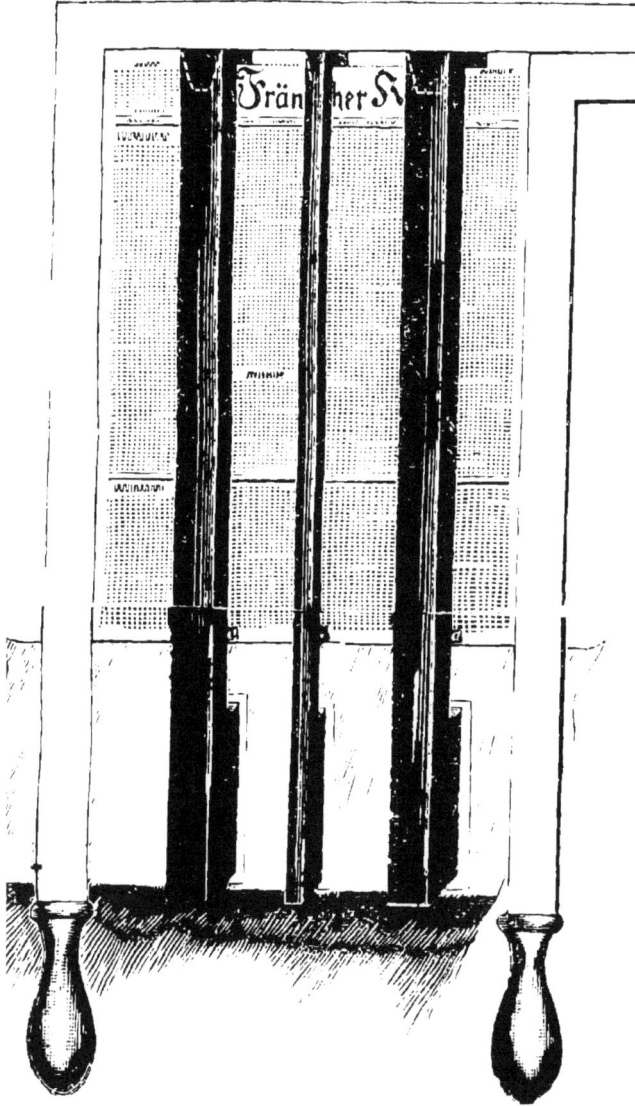

Hohlfussleisten in der Anwendung.

legen von einigen Stücken Karton auf die gleiche Höhe gebrach
wie der auf dem Matrizenrande stehende Fuss. Hohlfussleiste un
schrifthoher Winkel gleichen sich auf diese Weise vollkommen au
Ohne schrifthohen Winkel sind die Hohlfussleisten nicht zu ve
wenden; doch kann der Anschaffung schrifthoher Giessawinkel nur da
Wort geredet werden, da mit Hilfe derselben jede Einfassung un
jeder Plakatbuchstabe, wie auch jede schmale Anzeige druckferti
gegossen werden kann, bis auf das Fertigmachen nach dem Guss
wie solches im Ausputzen und Abrichten des Gusses besteht. Di
Hohlfussleisten haben langen, massiven Fuss, der stets aus dem A
guss herausragen muss. Wird über den Fuss überstehend Meta
gegossen, so ist die Hohlfussleiste nur schwer aus dem vollen Gu
zu entfernen, während sie sehr leicht aus dem erstarrten Gusse z
heben ist, wenn der Rückfuss der Hohlfussleiste übersteht und a
Griff beim Herausnehmen benutzt werden kann. Werden auch klei
Sachen, wie stehende Anzeigen, Tabellenköpfe, Plakatbuchstabe
Randleisten, Medaillen und dergleichen, auf Hohlfuss gegossen,
wäre noch anzuraten, unter die Mitte der Hohlfussleiste ein Tex
geviert oder sonst einen gleich hohen Gegenstand zu schieben, um e
Senken der Hohlfussleiste zu verhindern. Die Hohlfussleisten lass
den Guss glatt und riefenfrei erscheinen, wenn sie mit rotem Bolu
teig, wie dies beim Hohlstegguss angeraten ist, eingerieben oder n
Postpapier beklebt werden. Die Hohlfussleisten finden, wie die Wink
ihren Halt durch das zusammengeschraubte Giessinstrument.

Englische Matrizen.

Nicht selten tritt in deutschen Druckereien der Fall ein, da
von England Matrizen herübergesandt werden, die hier für den Ster
typguss Verwendung finden sollen. In England wird nur mit d
besten Stereotypiepapieren, die eine gipstiefe Bildfläche gestatt
gearbeitet, besonders ist dort das Indiaseiden ein längst eingeführ
Hilfsmittel, wie ich dasselbe ja auch für deutsche Werkstätten ni
dringend genug empfehlen kann. Da in England fast alle Matri
in „Mittel"winkeln gegossen werden, die Tiefe der Matrizen den vol
Fluss also nicht hindert, so ergibt sich in deutschen Werkstät
oft dadurch ein Missstand, dass in unseren „Cicero"winkeln die tie
Matrizen nicht ausfliessen, lochfreie Platten das Instrument also ni
verlassen. Die Löcher zeigen sich jedoch nicht im Schriftbilde, s
dern in den leeren Feldern, in den Bunzen. Sollen die Löcher v
schwinden, so sind zunächst die Matrizen ganz energisch zu gra
tieren, alsdann ist das Giessinstrument aussergewöhnlich heiss
halten. Graphitierte Matrizen halten viele Güsse aus, sind also ni
leicht zu verletzen, aus diesem Grunde kann der Giesser auch
hohe Hitze halten, ohne seine Matrize in Gefahr zu bringen.

Stereotypie von Buntdruckplatten.

Sollen Platten flach oder für Rotation stereotypiert werden, welche zu mehreren Formen für Farbendruck bestimmt sind, so ist unbedingt nötig, die Hauptform im ganzen zu stereotypieren. Die Matrize ist mit grosser Sorgfalt zu behandeln, da es im Interesse des guten Ineinanderpassens der einzelnen Farben nötig ist, dass von der einen Matrize der Hauptform alle Platten gegossen werden und aus den einzelnen Platten dasjenige auszusägen und auszusticheln ist, das nicht in der betreffenden Farbe erscheinen soll. So viel Farben also ein Satz geben soll, so viel Güsse hat die Matrize auszuhalten.

Kalt- oder Warmstereotypie.

Die Entwickelung der Stereotypie ist in den letzten Jahren eine ausserordentliche gewesen. Immer mehr macht sich der Buchdrucker dieselbe zu nutze, in immer weiteren Kreisen bricht sich die Überzeugung Bahn, dass die Stereotypie ein sehr wesentliches Hilfsmittel ist, um nicht nur konkurrenzfähig zu bleiben, sondern um sich in den meisten Fällen auch mehr Vorteile für den inneren Betrieb des Geschäfts zu schaffen. Nicht nur der Verlagsdrucker weiss die Vorteile des Stereotypieverfahrens zu schätzen, auch kleine und grosse Accidenzdruckereien gehen nach und nach dazu über, ebenso denken diejenigen Tageblätter, welche noch von Satz drucken, daran, für die laufenden viertel-, halb- und ganzjährigen Inserate den Stereotypieapparat in Anspruch zu nehmen. Je mehr sich die Stereotypie ausbreitet, um so häufiger wird an mich die Frage gerichtet: „Raten Sie mir zur Kalt- oder Warmstereotypie?" Hierauf gebe ich folgende Antwort: *„Die Kaltstereotypie ist zulässig beim Druck von Zeitungen, ferner beim Druck von Auflagen auf leicht annehmendem satinierten Papier, sowie auf Prospekt- oder Zeitungspapier."* Die Kaltstereotypie unterscheidet sich von der Warmstereotypie nur durch das Trockenverfahren, die Matrizenbereitung ist mit meinem Material für beide Arten gleich. In der Kaltstereotypie wird die eingeschlagene Matrize in frischem, also noch feuchtem Zustande von der Form entfernt, in einen eigens dazu hergestellten Eisenrahmen gespannt und in diesem Rahmen entweder über dem Schmelzkessel oder in einem besonderen Trockenofen getrocknet. Zeitungen, deren Kolumnengrösse über 50 cm Höhe nicht hinausgeht, können noch bequem über dem Kessel trocknen, vorausgesetzt, dass der lichte Umfang desselben die Matrize vollständig aufnimmt, so dass die vier Ecken des Trockenrahmens knapp auf dem Kesselrand aufliegen. Grössere Formate bereiten über dem Kessel Schwierigkeiten und sind für solche andere Vorkehrungen zu treffen, über welche ich von Fall zu Fall gern weiteren Aufschluss gebe. *Die Vorteile* der Kaltstereotypie bestehen darin, dass die Form nicht erhitzt wird, sie kann sich also nicht werfen und der Satz bleibt systematisch; ferner erspart die Kaltstereotypie die heisse Trockenpresse, und die Temperatur im Arbeitsraume wird infolgedessen eine bessere, der Stereotypeur ist in seiner Gesundheit wesentlich mehr geschützt; ein weiterer Vorteil der Kaltstereotypie besteht darin, dass das Trocknen der Matrize meist nur halb so viel Zeit braucht als in der Warmstereotypie; durchschnittlich ist eine Kaltstereotypiematrize in 4 Minuten trocken, während das Trocknen auf der Form, je nach der Hitze der Presse, meistens 8 bis 15 und oft noch mehr Minuten währt. **Die Kaltstereotypie bewahrt jeden Holzschnitt vor Beschädigung.** Bei Anwendung guter, weicher Papiere, besonders von Kupferdruck allerbester Qualität — *man lasse sich nie durch „billige" Angebote ungeleimter Papiere täuschen* — und besten Seidenpapieres, sowie ein Indiaseiden als Bildbogen, werden selbst die anspruchsvollsten Zeichnungen in Holzschnitt und Zinkätzung klar und deutlich wiedergegeben. Die Fertigkeit der Stereotypeure hat sich nach dieser Richtung hin bestens entwickelt, so dass bei Anwendung guter Papiere und geschmeidigen Kleisters, wie er in der Matrizenpulverauflösung gegeben ist, die früheren Nachteile — vollgesetzte Clichés und unsauberer Druck — als vollständig überwunden angesehen werden können.

Die Frage, ob die kalt stereotypierten Kolumnen Register halten, kann beim Zeitungsdruck ohne weiteres bejaht werden, denn die Differenz von einem halben Millimeter von Platte zu Platte wird wohl ernstlich von niemand berücksichtigt. Für Werkdruck kleinen Formats gleicht sich diese Differenz ohnedies von selbst aus, für den Farbendruck bleibt irgend welche Differenz aber ohne jede Bedeutung, da alle Farbenplatten des gleichen Satzes *von ein und derselben Matrize* gegossen werden.

Das Kalandrieren der Matrizen.

Statt des Einschlagens der Matrizen wird in einigen Stereotypien zu einem Walzwerk Zuflucht genommen. Ein solches Walzwerk besteht aus einem in Zahnstangen laufenden Fundament, das durch übersetzte Zahnräder, ähnlich wie in der Schnellpresse, von unten getrieben wird. In der Mitte des Fundaments, über Schrifthöhe von diesem entfernt, liegt in zwei verstellbaren Seitenlagern ein Cylinder, der mit der Fortbewegung des Fundaments eine rotierende Bewegung erhält. Die Presse, auch Presskalander genannt, muss so aufgestellt sein, dass sie mit einer Endseite unmittelbar an die breite Arbeitsfläche der Trockenpresse gefahren werden kann. Die Form wird, schiffartig ausgeschossen, von dem Trockenpressenfundament, wo sie gereinigt wurde, in den Kalander geschoben. Hier wird die weiche Matrize auf die Form gelegt und an der Kopfseite, welche zuerst unter den Presscylinder fährt, mit der Klopfbürste etwa 2 Konkordanz breit leicht eingeschlagen, damit die Matrize sich nicht verschieben kann. Ist das An- oder Einklopfen besorgt, so kommt ein feines, faltenfreies, trockenes Shirtingtuch über die Matrize, und auf die Shirtinglage werden vier weiche Cylinderfilze gelegt und diese wieder mit Shirtingtuch bedeckt. Ist alles glatt gestrichen, dann stellt man die meist mit Dampf- oder Gaskraft betriebene Presse an und lässt unter scharfem Druck durchfahren. Der einmal gestellte Pressecylinder soll nicht verstellt werden. Ist die Form am äusseren Ende angelangt, so werden Shirting und Filztücher sofort durch frische ersetzt und die Form läuft an die Trockenpresse zurück. Die Filze sind sorgfältig zu behandeln und in kaltem Wasser häufig zu waschen, können aber sehr lange Zeit verwendet werden. Man verwendet die einmal durchlaufenen Filze erst wieder zur nächsten Form. Der ganze Prozess währt eine Minute. Vor dem Zurückschiessen auf die Trockenpresse werden die Tücher entfernt, die Matrize wird ausgelegt, der Deckbogen darüber gebreitet, leicht mit den Händen festgestrichen, und dann kommt die Form mit der Matrize 2 bis 3 Minuten in die Trockenpresse, wo fest angedreht wird. Wenn die Matrize noch halb feucht ist, wird sie von der Form entfernt, auf das heisse und möglichst grosse Fundament der Trockenpresse gelegt, mit einem dünnen Filz und dieser mit einer dünnen durchlochten Zinkplatte belegt und eine Minute lang die Matrize rotierend hin und her bewegt; in dieser Zeit ist sie vollständig trocken. Sie wird darauf beschnitten, mit Gussbogen beklebt, talkiert und ins Giessinstrument gebracht. Wer „kalt" stereotypiert, legt die Matrize bereits nach dem ersten Durchgang aus, legt Deckbogen auf und lässt die Form wieder zurückpassieren, nimmt die Matrize hiernach ab und bringt sie in den Trockenrahmen. Für Formate über 50 cm ist das Trocknen über dem runden Schmelzkessel nicht geeignet. Der Schmelzkessel besteht in solchem Falle aus zwei Abteilungen. Im Hinterteil ist er viereckig und im Schöpfteil rund. Auf dem Rückteil des Herdes ist ein Trockenofen mit Schiebleisten angebracht, in welchen die Matrize, in einen Rahmen gespannt, eingeschoben wird.

Rotationsstereotypie.

Die Form unterliegt der gleichen sorgfältigen Behandlung wie in der Flachstereotypie, auch wird die Matrize, wie schon einmal bemerkt, genau in der dafür gegebenen Vorschrift angefertigt, und gilt für den Guss dieselbe Sorgfalt. Der eigentliche Unterschied wird schon durch das Wort Rotations- oder Rundstereotypie bezeichnet. Das Giessinstrument entspricht im Inneren genau der gleichen Rundung, welche die Druckcylinder besitzen. Das Giessinstrument ist in einer Hälfte mit Rippen versehen, so dass der Grund hohlfussartig erscheint. Ein Gussbogen wird infolgedessen ins Instrument nicht eingelegt. Die Giessfahne wird in gleicher Weise angeklebt wie bei der flachen Stereotypie. Der Guss erfolgt mittelst Giesskastens, welcher durch einen entsprechenden Schöpflöffel mit Metall gefüllt wird. Der Giesskasten hat an einer Seite eine Griffgabel, an der anderen Seite eine glatte Stange; zwei Mann tragen denselben; der Träger der Gabel ist der Giesser, der das Metall ins Instrument schüttet, während der zweite Mann seine Stange in richtiger Instrumenthöhe hält. Im Rundinstrument liegen statt der Giesswinkel zwei Backen, welche ohne Schwierigkeit eingesetzt und herausgenommen werden können. Jede Backe ist nach oben facettenartig abgestumpft, um die Platte links und rechts mit schrägen Seitenrändern zu versehen. Die Matrize wird mit dem etwa 3 Cicero breiten Rande unter die Backen gelegt und von letzteren gehalten. Da in der Rotationsstereotypie die Matrizen bedauernswerterweise — denn es soll nicht sein — oft noch ziemlich feucht ins Instrument kommen, weil, besonders bei der letzten Form, die Zeit zu kurz ist, um alle Nebenumstände abzupassen, so tritt häufig der Fall ein, dass das Metall am unteren Ende des Instruments hinter die Matrize läuft und die Platte verdirbt. Wer seiner Sache in Bezug auf eine trockene, bruch- und faltenfreie Matrize nicht sicher ist, der klebe auf den Rand am unteren Ende der Matrize einen 2 Finger breiten Papierstreifen und klemme diesen Streifen durch Umbiegen in die Scharnieröffnung des Instruments, wenn solches eine Führungsleiste mit Matrizennute nicht besitzt; ein Hinterfliessen ist dann unmöglich. Bei einmaligen Güssen ist ein Talkieren der Matrizen unnötig; wenn es aber geschieht, so muss das überschüssige Talkum abgeklopft werden. In der Rotationsstereotypie ist auch darauf zu achten, dass die Matrizen stets in gleicher Stärke angefertigt werden, da von der Matrizenstärke die Plattenstärke abhängig ist und bei ungleichen Matrizen die Platten ungleich werden. Etwas mehr Gewandtheit ist in der Rundstereotypie erforderlich als beim flachen Verfahren. Einmal ist die Zeit für Zeitungen sehr kurz bemessen, dann kommen meist in der letzten Viertel- oder halben Stunde mehr Kolumnen in die Stereotypie, als in der gegebenen Zeit bewältigt werden können, und drittens gibt es besonders bei Insertionskolumnen oft viel auszustichen, so dass alle verfügbaren Kräfte und Hilfsarbeiter aufs äusserste angestrengt sind, um zur richtigen Minute fertig zu werden.

Wer wenig stichen will, lege aber statt der Pappspäne mit „Natronat" oder Matrizenpulver aus, wie weiter oben angegeben, und er wird sich seine Arbeit sehr erleichtern.

Der Rundguss.

Die Platte kommt aus dem Giessinstrument sofort auf den Bestosscylinder, welcher mit Schwungrad versehen ist. Vor dem Cylinder befindet sich eine breite Laufschiene, auf welcher der Support (ein Instrument, in dem sich die Hobeleisen befinden) angebracht ist. Der Support enthält meist nur ein Hobeleisen, das eine scharfe Kante von etwa 6 Millimeter besitzt und für Flachstoss: — und Seitenstoss: | durch entsprechendes Umlegen verstellbar ist. Zum Flachstoss wird das Hobeleisen bis an den wegzunehmenden Gussgrad geführt und die Platte, welche durch Seitenbacken mit Schraubendrehung auf dem Cylinder festgehalten wird, durch das Schwungrad in rotierende Bewegung versetzt. Beim Flachstossen wird der Support selbst durch Zudrehen der Oberschraube festgehalten, das Hobeleisen wird aber durch Umdrehung der Vorderschraube um so viel näher an das Stereotyp gebracht, als Fleisch von dem Gusse zu entfernen ist. Auf gleiche Weise werden auch Mittelstege ausgehobelt, welche auf Schrifthöhe mit eingesetzt werden, wenn es sich um den Guss von zwei Satzkolumnen in einer Form handelt. Die schrifthohen Stege werden am besten aus derjenigen Fabrik mitbezogen, welche die Rotationsmaschine liefert, und ist darauf zu achten, dass die schrifthohen Stege einen abgeschrägten Rand, an jeder Seite von Petitbreite, besitzen. Dieser Rand gestattet das Einsetzen der Bunze, und diese wieder gestattet, dass der Arbeiter mit dem Hobeleisen nicht bis unmittelbar an die Schriftstellen zu gehen braucht und letztere daher nicht gefährdet. Für den Seitenstoss wird der Guss an derjenigen Stelle, welche bestossen werden soll, mit der Laufschiene in gleichlaufende Stellung gebracht, so dass das Hobeleisen ohne weitere Verstellung den abzunehmenden Guss genau trifft, alsdann wird der Cylinder mit der betreffenden Schraube in feste, unbewegliche Stellung gebracht und der Seitenstoss vorgenommen. Bei jedem neuen Stoss wird das Hobeleisen durch entsprechende Umdrehung der Vorderschraube um Stossbreite näher an den Guss gebracht, bis der Plattenrand genügend tief abgestossen ist. Nach dem Bestossen wird das Stereotyp an flachen, schriftfreien Stellen ausgestichelt, und bedient man sich dazu derjenigen Stichel, welche für die gegebene Fläche passen, es sind dies Flach-, Hoch- und Hohlstichel von 1 bis 12 Millimeter Breite und entsprechender Stärke. Es empfiehlt sich, für das Aussticheln einen zweiten, feststehenden (Holz-)Cylinder, halbrund, in der Art eines Sägebockes gebaut, zu beschaffen, damit der Guss nach dem Hobeln vom Bestosscylinder entfernt und durch eine andere Hilfsperson mit den Sticheln bearbeitet werden kann.

Ist der Guss bestossen und mit den Sticheln bearbeitet, so kommt er in die Hobel- oder Egalisierbank. Die Maschine wird vom Monteur der Maschinenfabrik auf entsprechendes Stärkehobeln gestellt; sie besteht aus einem Halbcylinder, der mit Pressspan — $6/10$ Millimeter starker Glanzdeckel — ausgelegt ist, und aus einer Welle, in der das Hobelmesser, eine einfache 20 Millimeter starke, scharfkantige Eisenleiste von der Länge der Hobelmaschine, befestigt ist. Die Welle wird meist mit mechanischer Kraft in langsame Bewegung gesetzt. Der Guss wird mit dem Bild nach unten in den Cylinder versenkt, und nimmt das Messer von den Rippen des Gusses nur so viel Metall ab, als zum Ausgleich des Gusses für den Druckcylinder erforderlich ist. Nach dem Herausnehmen des Gusses aus der Hobelmaschine werden die scharfen Ränder des Gusses, falls nötig, mit einer Grobfeile abgestossen und der Guss kommt nunmehr druckfertig in die Maschine. Stellt sich beim Probedruck irgend welche Ungleichheit der Platten heraus, so gleicht diese der Maschinenmeister durch Hinterkleben von Papierstreifen auf die Rippen des Gusses in entsprechender Weise aus.

Da das Schlagen der meist sehr grossen Matrizen genügende Körperkraft und das Bestossen und Behobeln der Rundplatten mit dem Support viel Gewandtheit erfordern, so möchte ich nur Männern von guter Körperkraft die Thätigkeit eines Rotationsstereotypeurs anraten.

Als Schluss füge ich noch die Mitteilung eines erfahrenen Rotationsstereotypeurs, des Herrn Wilh. Weiss, an, welcher früher bei mir angestellt war und jetzt die Stereotypie in der „Patriote"-Druckerei zu Brüssel leitet. Derselbe schreibt:

Über Kaltstereotypie von Zeitungsdoppelformen.

Die allgemein angenommene Arbeitsweise, wie ich sie in Deutschland gesehen und teilweise auch selbst geübt habe, konnte mich hier, wo alles nach französischer Schablone, die übrigens auch sehr viel Gutes hat, nicht befriedigen, da dieselbe zu viel Zeit in Anspruch nimmt, und so suchte und probierte ich und fand, wie ich glaube, Besseres.

Hieran anfügend muss ich zuvor bemerken, dass fast alle französischen Rotationsmaschinen für eine Zeitung von 4 Seiten zu je 2 Platten per Seite eingerichtet sind; erst in neuester Zeit baut J. Derrey in Paris auch schneller gehende, 15,000—20,000 Exemplare liefernde Maschinen mit einer Platte. Wenn also wie bei uns noch eine Zeitung in halbem Formate der grösseren gemacht werden muss, so sind von 2 Doppelformen je 4 Platten nötig. Der erste Übelstand, der sich dabei herausstellte, war das Herausholen des Bundsteges, das 8 mal in möglichst kurzer Zeit zu geschehen hatte. Ich hatte nach deutscher Arbeitsweise den Bundsteg auf Schrifthöhe machen lassen, selbstverständlich gegen den Satz etwas abgeschrägt. Wir, die wir mit französischem Werkzeug arbeiten müssen, haben aber keinen Support, mit dem wir Kanten und Bundstege ausholen können, sondern müssen das alles mit dem Eisen ausholen, was besonders in solchem Falle sehr zeitraubend ist. Auch das Trocknen der Matern hatte seine Mucken, da dieselben gerade vom Bundsteg aus gern Blasen zogen. Um allen diesen Übelständen abzuhelfen, verfiel ich auf folgendes Mittel: Ich liess zuerst an beiden schrifthohen Schliessrahmen den Mittelsteg, *so weit der Satz reichte*, eine Cicero tiefer hobeln. An den beiden Rändern des Mittelsteges musste aber der Mechaniker je eine Abschrägung a a (a▶_____◀a) anbringen, um ein Durchschlagen der Matrize an diesen gefährlichen Stellen zu verhüten. Nachdem die nasse Mater, die ich ganz wie gewöhnlich von einem Blatt Kupferdruckkarton und oben 6 Seidenblättern anfertige (6 Seiden, um die Mater widerstandsfähiger gegen das Einfallen der Bunzen, so mit gegen vieles Ausstichen zu machen), aufgelegt ist, klopfe ich wie gewöhnlich ein und lege gut aus. In den Bundsteg lege ich einen *durchgehenden* (aber mit einem Locheisen mit etwa 8 mm grossen Löchern im Abstande von ca. 8 Cicero versehenen) Pappstreifen von 6 Punkt Dicke, der jedoch überall 1 Cicero von den Rändern abstehen muss; einmal, um am schmalen Rande die Materkanten nicht durchzuquetschen, und dann, damit die Mater sich im Trockenofen nach Belieben ziehen kann. Nachdem das gut mit Kleister gesättigte Deckblatt darüber gelegt ist, wird die Form mit einem weichen Filz belegt und in der kalten Presse eine halbe Minute gepresst. Nach dem Herausnehmen werden im Deckblatt an den korrespondierenden Stellen des Mittelkartons die Löcher ebenfalls durchgedrückt, um der warmen Luft in der Mater Austritt zu verschaffen. Dasselbe geschieht an allen grösseren weissen Stellen. Nun wird nochmals gut eingeklopft, und dann kommt die Mater in den Ofen. Bei grösseren Formaten ist es gut, alle Schliesshaken so lange offen zu halten, bis sich die Mater nicht mehr schlapp anfühlt, und erst dann leicht zu schliessen, sonst kommt leicht ein Verziehen derselben vor. Ganz fest schliesse ich erst, wenn die Mater fast trocken ist, um dieselbe schön glatt und mit guten Rändern zu erhalten; doch muss das wohl von Fall zu Fall ausprobiert werden, da hier die Hitze des Metalls, sowie ob man viel oder wenig davon im Kessel hat, eine bedeutende Rolle spielt.

Bei den nun folgenden Arbeiten wird wie gewöhnlich verfahren, bloss ist zu bemerken, dass, wenn mehrere Güsse erforderlich sind, die Mater unbedingt im Giessinstrumente talkiert werden muss, um ein Brechen am Bundstege zu verhindern. Aus demselben Grunde nehme ich durchgehende Pappspäne; würde man, wie ich es im Anfange auch gethan habe, in Stückchen auslegen, so würde beim dritten oder vierten Guss die Mater schon beim Abnehmen von der Platte brechen. Hier bemerke ich noch, dass ich, um leichteres Abgehen von den Platten zu erzielen, die Matern *vor dem Schlagen* auf der Seidenseite ebenfalls gut, doch nicht zu fett talkiere.

Wird in solcher Weise gearbeitet, so hat man nichts zu befürchten, und das weitere Bearbeiten der Platten beschränkt sich, wenn gut ausgelegt war, auf das Abstossen der Ränder. Ich arbeite seit längerer Zeit in dieser Weise mit täglich 2 Formen à 4 Platten und habe seitdem keine einzige Form zweimal machen müssen. Meine Arbeitszeit für 2 auf diese Weise hergestellte Formen beträgt für alle 8 Platten für Schlagen, Giessen und Fertigmachen bei einem Personale von 4 Mann etwa 50 Minuten.

Vom Rotationsdruck.

Das Wesen der Rotationsmaschine braucht keiner näheren Darstellung unterworfen zu werden. Die frühere Cylinderfalzmaschine ist allgemein durch den amerikanischen Trichterfalz verdrängt worden. Wenn wir hervorheben, dass Maschinen für endlosen Druck in

Deutschland von den Fabriken Koenig & Bauer in Würzburg-Oberzell, Maschinenfabrik Augsburg in Augsburg, C. Hummel in Berlin und von der Aktiengesellschaft Albert & Comp. in Frankenthal gebaut werden, so liegt darin allein schon die Gewähr, dass jede dieser im besten Sinne bekannten Fabriken bestrebt ist, auch das Beste zu liefern. Thatsächlich laufen deutsche Rotationsmaschinen in allen Weltteilen, und überall haben sie dazu beigetragen, das deutsche Ansehen zu heben und das Vertrauen in deutsche Gründlichkeit und Genauigkeit zu befestigen.

Für die *Bedienung der Rotationsmaschine* ist jeder intelligente Buchdruckereimaschinenmeister geeignet, der Lust zu dieser Thätigkeit an den Tag legt. Wer zur Bedienung dieser Maschine bestimmt ist, hat vor allem gemeinsam mit dem Monteur der Fabrik dieselbe aufzustellen und sich von der Bestimmung der einzelnen Maschinenteile unterrichten zu lassen. Da das *Montieren der Maschine* 8 bis 14 Tage in Anspruch nimmt, so ist dem Anfänger Gelegenheit geboten, sich eingehend mit dem Mechanismus vertraut zu machen. Insbesondere soll sich der Mann über das *Anstellen der Druckcylinder* genauestens belehren lassen, da ein zu starkes Anstellen derselben nicht nur übermässig kräftige Schattierung liefert, sondern auch das *Reissen der Papierbahn* nur zu leicht herbeiführt. Wie beim Flachdruck, so ist auch beim Runddruck darauf zu sehen, dass das *Farbwerk* nie ganz angefüllt, mehr schwach wie weit gestellt ist und dass die *Walzen* die Platten nur leicht berühren. Die Rotationsmaschine muss in einem trockenen Raum untergebracht sein, damit die aus möglichst fester Masse gegossenen Walzen den feuchten Lufteinflüssen, dem Dehnen und Reissen, nicht unterworfen sind.

Die *Fundamentierung des Maschinenunterbaues* hat in vollendeter Solidität und den Angaben der Fabriken genau entsprechend zu erfolgen. Für die Rotationsmaschine ist ausser dem Maschinenführer ein zweiter Mann als *Putzer und Zuspringer* aufzustellen; die zahlreichen blanken Maschinenteile bedürfen fortwährender Reinigung, und der Maschinenführer gebraucht bei allen Hantierungen den zweiten Mann zum Zugreifen, da viele Verrichtungen von beiden Seiten der Maschine zu gleicher Zeit vorgenommen werden. Bei *einer* Maschine kann der Zuspringer in der freien Zeit, welche so einzurichten ist, dass sie in die Stereotypiestunden fällt, für die Stereotypie als zweiter Mann, zur Gusshilfe, sowie zum Sticheln, Hobeln und Feilen Verwendung finden, um so mehr, als der zweite Mann den Transport der Platten von der Stereotypie in die Maschine ebenfalls zu besorgen hat. Bei mehr als einer Rotationsmaschine ist jedoch das Personal für beide Abteilungen, für die Maschinen wie für die Stereotypie, vollständig zu trennen. So würden für zwei Rotationsmaschinen zwei Bedienungskräfte nicht ausreichen; der Maschinenmeister allein hat vollauf zu thun, den Gang der Maschinen zu beaufsichtigen, ein weiterer Mann bleibt bei dem Falzwerk der ersten Maschine und wenn beide Maschinen zu gleicher Zeit laufen, so ist noch ein dritter Mann an das Falzwerk der anderen Maschine aufzustellen. Der sogenannte „zweite Mann" ist ausser der eigentlichen Druckzeit mit dem Maschinenmeister gemeinsam beschäftigt, die Maschinen für den nächsten Lauf druckfähig herzurichten. Beide Männer finden mit diesen Verrichtungen den ganzen Tag genügende Beschäftigung, vorausgesetzt, dass täglich beide Maschinen laufen. Für den dritten Mann dürfte öfter eine freie Stunde eintreten; wenn jedoch täglich geputzt wird und täglich Cylinderaufzugswechsel eintritt, kann ihn der Maschinenmeister schwerlich missen.

Genügende Sorgfalt erfordert das *Einziehen der Bänder*, welche nicht zu straff und nicht zu schwach angezogen werden dürfen. In vielen Druckereien bedient man sich zum Einziehen der Bänder eines Spannapparates, der ein genaues Anziehen ermöglicht. Viele Maschinenmeister verwerfen jedoch dieses praktische Instrument und verlassen sich lieber auf die gewohnte Handarbeit. Ebenso nähen viele Praktiker die Bänder nicht, sie zwicken dieselben mit Hilfe eines Loch- und Zwickinstrumentes oder sie leimen die Bänder aneinander; jede dieser beiden Arten kommt in grossen deutschen Rotationsdruckereien zur Anwendung und beide bewähren sich vortrefflich, nichtsdestoweniger wollen viele Maschinenmeister auch von diesen Hilfsmitteln nichts wissen. Für den Falzapparat sind 16, 18, 20 und 23 mm breite aufeinander genähte oder gewebte Doppelbänder aus Baumwolle oder Leinengarn in Anwendung. Die ersten Bänder liefern die Rotationsmaschinenfabriken, die weiteren Bezüge nehmen später die Buchdruckereileiter selbst in die Hand, und kann als Bezugsquelle für alle Bandsorten, wie auch für Rotationsdruckfilze und Schmutztücher die Firma Carl Kempe in Nürnberg bestens empfohlen werden. Genähte Bänder müssen so vorsichtig genäht sein, dass die Nähte beim kräftigsten Anziehen nicht platzen.

Die *Druckfilze* sollen von guter, gleichmässiger und fester Beschaffenheit sein. Ob starke oder schwache Filze Verwendung finden, hängt von der Cylinderstellung ab. Sind die Cylinder gar nicht oder nur schwer verstellbar, so empfiehlt sich die Anwendung von dünnem Filz, um unter Umständen durch Papiereinlage oder stärkere Schmutztücher nachhelfen zu können. Die Filze müssen so oft als irgend thunlich ausgewechselt werden. Wenn Anzeigenplatten mit grossen, glatten Stöcken gedruckt sind, ist es notwendig, die Filze vor dem nächsten Druck auszuwechseln, da die glatten Bildflächen den Filz an diesen Stellen abflachen, so dass der nachfolgende Druck von glatten Satzplatten ungleichmässig ausfallen und schwer zuzurichten sein würde. Häufiger Filzwechsel bietet ausreichende Sicherheit gegen ungleichmässigen Druck. Abgenommene Filze werden in kaltem Regen- oder Flusswasser, das mit 2 $^0/_0$ von Kempe's Tafelsoda versetzt war, gewaschen, mit Nägeln auf ein Brett faltenfrei festgespannt und an freier Luft kalt getrocknet.

Über jeden Filz wird ein *Schmutztuch* gezogen. Die Schmutztücher bestehen aus fester, gleichmässig gewebter Leinwand; sie sollten möglichst täglich frisch aufgezogen werden. Da die abgenommenen Schmutztücher meist eine unliebsame Ausgabe bilden und selbst das

Waschen nur schwer besorgt werden kann, so lassen viele Druckereien die Schmutztücher so lange laufen, bis der Druck unsauber wird und ein Wechsel vorgenommen werden muss. Schmutztücher, welche länger als einen Tag laufen, sollten vor jedem Druck mit Magnesiapulver abgerieben werden. Die Magnesia verhindert das Schmieren in ganz erheblicher Weise. Magnesia ist in diesem Falle ein besseres Hilfsmittel als Talkum und ist infolge ihrer Leichtigkeit auch nicht teurer als dieses.

Besondere Aufmerksamkeit muss die Bedienungsmannschaft dem *Einhängen der Papierrollen* zuwenden. Diese Rollen haben links- und rechtsseitig Gewinde, an welchen durch entsprechende Stellung der richtige Lauf des Papiers geregelt wird. Das Papier muss von der liefernden Fabrik mit aller Sorgfalt aufgerollt sein, da ungleichmässig, faltig gerolltes Papier reisst und viel Störung verursacht. Wenn das Papier reisst, so ist die laufende Maschine so schnell als thunlich abzustellen, um möglichst denjenigen Teil des abgerissenen Papiers, welcher sich zwischen den Druckcylindern befindet, noch zu erfassen — nur bei stehender Maschine! Von der Rolle wird dann so viel Papier unter den aus den Cylindern hervorragenden Teil des abgerissenen Papiers geführt, dass beide Papierenden aufeinander geklebt werden können. Ist die Maschine nicht rechtzeitig zum Stehen zu bringen, so sind später die in das Bandwerk geratenen Papierteile sorgfältig zu entfernen.

Rotationsdruckpapier darf nicht zu schwach gewählt werden. Das Durchschnittsgewicht von einem Quadratmeter Rollenpapier soll 50 Gramm betragen. Papier von 43 Gramm Gewicht lässt sich noch ohne besondere Schwierigkeit verdrucken; es dürfte dies aber die Grenze des Gewichtsminimums sein.

Das *Feuchten des Papiers* ist nicht in allen Druckereien durchgeführt. Kräftige Papiere ertragen den Trockendruck leichter als schwache. Das Feuchten bietet viele Vorteile. Gefeuchtete Papiere nehmen leichter Farbe an, verzehren weniger Farbe und schmieren nicht so leicht, wenn die Farbe zu stark gegeben wird. Das Feuchten geht in dem Behälter vor sich, der über dem Rollenstand angebracht ist, und wird durch Dampf herbeigeführt. Es ist darauf zu halten, dass der Dampf nicht unnötig entweicht und — bei zu starker Ausströmung — die Haltbarkeit der Walzen beeinflusst. Druckereien, welche mit Gaskraft arbeiten und Dampf nicht anwenden können, arbeiten trocken und suchen kräftiges, glattes Papier zu verwenden.

Die *Farbe* gehört meist unter die Glaubensartikel. Die billigste Farbe ist nie die beste, und gute Farbe, nicht zu dünn und nicht zu streng, erzeugt jede um ihren Ruf besorgte Fabrik. Die Farbe soll leicht decken, guten Firnis enthalten und schnell trocknen. Von der Ausgiebigkeit der Farbe überzeugt man sich nicht allein durch das Gesicht, sondern hauptsächlich durch die Zähluhr an der Maschine. Beim Farbenwechsel achte man darauf, wie viel Blätter durch ein Fass oder ein bestimmtes Gewichtsmass mit Farbe bedeckt werden

und man wird leicht finden, ob die anscheinend teuere Farbe die billigste ist. Billig und ausgiebig decken sich wohl nie miteinander.
Niemand greife in die Maschine, so lange dieselbe sich im Gange befindet!

Im Anschluss an vorstehende Abhandlung seien noch die Winke wiedergegeben, welche Herr Rotationsmaschinenmeister Krautschneider in Chemnitz dem Herausgeber mitgeteilt hat. Diese Winke waren bereits in meinem „Graphischen Anzeiger" (vormals „Der Stereotypeur") in der Mai- und der Juni-Nr. 1891 abgedruckt, fanden aber in den ersten Rotationsdruckereien Deutschlands so viel Anerkennung, dass der Abdruck an dieser Stelle wohl gerechtfertigt ist.

Einiges über die Behandlung grosser Rotations-maschinen mit Trichterfalz.

Die Rotationsmaschinen haben in den letzteren Jahren, was Technik und Leistungsfähigkeit anbelangt, eine Vollkommenheit erreicht, wie solche früher wohl kaum geahnt werden mochte. Mit der Vervollkommnung der Rotationsmaschine ging eine gründlichere und sachgemässere Behandlung derselben Hand in Hand, und die Aufgabe jedes Rotationsmaschinenmeisters bleibt es, seiner Maschine allergrösste Aufmerksamkeit zu widmen. Die alten Maschinen mit oszillierenden Falzhauern etc., welche in der Stunde allerhöchstens 6000—8000 *gut gefalzte* Exemplare liefern, sind aus einem grossen Teil der Zeitungsdruckereien verschwunden, verdrängt von den Trichterfalzmaschinen, bei denen, da sie rotierenden *Messerfalz* und *Trichterfalz* besitzen, die bei den alten Maschinen bei schnellem Gange gerade beim Falz sich zeigenden Schwierigkeiten als überwundener Standpunkt erscheinen, und welche, was Druckschnelligkeit anbelangt, ihre eigentliche Grenze nur in der Widerstandsfähigkeit des zu verdruckenden Papiers finden. Der Firma Koenig & Bauer gebührt das Verdienst, den Trichter aus Amerika bei uns eingeführt und dadurch die Rotationsmaschine auf ihre jetzige staunenerregende Leistungsfähigkeit gebracht zu haben. Ein Hauptfaktor für den überraschend schnellen Gang der neuen Rotationsmaschinen ist die *Sammeltrommel*, denn erst durch diese ist es möglich geworden, die Blätter in der Maschine paketweise zu sammeln (bei 16 Kolumnen-Maschinen zu 2 und 3 bei 16 Seiten, zu 5 bei 8 und 4 Seiten und zu 10 bei 2 Seiten und bei 8 Kolumnen-Maschinen zu 5 Exemplaren bei 8, 4 und 2 Seiten) und auf den Auslegetisch zu befördern, wo dieselben so gleichmässig übereinander zu liegen kommen, dass sie, wenn die Glocke ertönt (bei 25 und 50 Exemplaren) und vom Tische weggenommen werden, kaum noch des Aufstossens bedürfen. Dass nun aber auch, je komplizierter die Maschine geworden, desto grössere Ansprüche an die Tüchtigkeit des sie bedienenden Maschinenmeisters gestellt werden müssen, ist klar. Es sollte sich darum jeder an solcher Maschine beschäftigte Arbeiter seiner verantwortungsvollen Stellung bewusst und noch mehr sollte jeder eine grosse Rotationsmaschine besitzende Prinzipal darauf bedacht sein, dieselbe *nur wirklich tüchtigen Kräften* anzuvertrauen, denn auf eine richtige, gewissenhafte und sorgfältige Bedienung kommt es in allererster Linie an, damit die Maschine das, was sie leisten soll und kann, auch stets leistet.

Eine Hauptaufgabe für den Maschinenmeister ist: *Gut aufpassen!* Eine grössere Maschine darf während des Druckens von dem Maschinenmeister nicht aus dem Auge gelassen werden; er muss überall hinsehen, beobachten, den ganzen Lauf der Maschine fortgesetzt verfolgen: nur dann ist es fast ausgeschlossen, dass ein grösserer Aufenthalt während der Druckdauer eintreten kann. Wie leicht kann es vorkommen, dass an den Seiten oder sonstwie zerrissenes Papier durchgeht und dadurch eine Verstopfung stattfindet, weil selbstverständlich die Papierfetzen oft in einem Falzteile, am meisten aber in der Ausriegelung der Sammeltrommel hängen bleiben. Sieht dies der Maschinenmeister nicht sofort, dann kommt eine Papierwulst von 20 bis 40 Bogen auf der Sammeltrommel zusammen, die Folge ist: die Bänder können nicht so viel nachgeben, sie reissen daher; neue Bänder müssen eingezogen werden und es kann einen Aufenthalt von 20 bis 30 Minuten geben, welcher gewiss nichts weniger als gelegen kommt, wenn die Post noch nicht fertig ist.

Dann müssen auch vor dem Druck so oft wie möglich die *Bänder* nachgesehen werden, ob sie noch in dem Zustande sind, dass sie den Druck der Auflage aushalten. Sollten sich Nähte defekt zeigen, so müssen dieselben unbedingt, wenn die Bänder sonst noch tauglich sind, sofort nachgenäht werden; sollte aber das ganze Band nichts mehr taugen, dann muss sofort ein neues dafür eingezogen werden. Der Maschinenmeister darf durchaus das Bändernachsehen nicht auf die leichte Achsel nehmen und mit dem Neueinziehen warten, bis die alten Bänder, oft während des Druckes, herausreissen; denn dadurch gibt es wieder unnötige Störungen, abgesehen davon, dass es passieren kann, dass ein solches Band in die kleinen Zahnräder des Falzwerks kommt und schliesslich bei solcher Gelegenheit einmal ein paar Zähne ausspringen. Es muss und kann sich ja auch jeder die Zeit nehmen, die zur guten Instandhaltung der Bänder erforderlich ist und werden die Bänder dann während der kostbaren Druckzeit, die oft auf die Minute berechnet ist, keine Schwierigkeiten verursachen.

Die Seele sicherer Arbeit während des Druckes ist ein gutes Messer. Wenn das Messer schlecht schneidet, kommen die geschnittenen Bogen nicht gleichmässig über den kleinen Trichter und in das Falzwerk, sie werden schief und schlecht gefalzt und es gibt demzufolge viel Verstopfung. Gerade das Messer ist einer der heikelsten Punkte im ganzen Papierlauf, und es ist darum der Mühe wert, auf das *Stellen* desselben ausführlicher einzugehen. Man nehme die Backe des Nutcylinders und die des Schneidcylinders heraus, schneide sich einige Bogen stärkeres Papier von der Länge und Breite der Backen und lege dann in jeden Cylinder eine gleiche Anzahl Bogen. Nun setzt man die Backe (Nute) in den Nutcylinder und zieht die Schrauben so fest als nur möglich an. Jetzt nimmt man das Messer, schraubt es in die dazu gehörende Backe locker ein und stellt es *gleichmässig* hoch. Das Stellen darf aber nicht nach Augenmass geschehen, sondern man nimmt dazu am besten kleinere Messinglinien von jener Stärke, um welche das Messer herausstehen soll. Soll z. B. das Messer eine Petit herausstehen, so nimmt man eine Petitlinie, legt dieselbe an verschiedenen Stellen des Messers an und stellt an den unter der Backe befindlichen Schrauben, bis man fühlt, dass das Messer an allen Stellen ganz gleichmässig hoch steht. Man darf an den neueren Koenig & Bauer'schen Maschinen das Messer nur eine Petit herausstellen, weil die Nute nur $^1/_2$ Petit breit ist und das Messer, wenn es zu hoch steht, beim Drehen der Cylinder nicht, ohne an den Nutleisten anzutreffen, in der Nute verschwinden könnte. Die Zähne drücken sich dadurch mit der Zeit an den Leisten ein, die Nutleiste wird gezackt und auch das Messer leicht lädiert. Wenn die Leiste von dem Messer unegal markiert ist — was passieren kann, wenn das Messer auf einer Seite höher als auf der anderen stand und dadurch die Nute unegal breit wurde —, so ist es das beste, man feilt die Leiste wieder gleichmässig nach. Doch achte man darauf, dass das Messer nun ganz gleichmässig und ja nicht wieder zu hoch steht, denn wenn man zu viel an den Leisten herumfeilt, wird die Nute schliesslich zu breit, das Messer, wenn es auch der Nute entsprechend höher gestellt wird, kann aber doch nicht mehr so gut schneiden, da das Papier zu viel in die Nute hinein nachgibt, weil Pressung fehlt, welche das Schneiden ebenfalls vermittelt. Man kann sich dann nicht mehr anders helfen, als neue Backen in der Fabrik zu bestellen oder Stahlschienchen an die alten annieten zu lassen; letzteres ist jedoch nicht sehr zu empfehlen.

Nach folgendem kann man sich gut richten: Man stellt das Messer ja nicht mehr heraus als höchstens das Doppelte der Nutleistenbreite, eher eine Idee weniger, wenn es nicht antreffen soll. Jetzt schraubt man die Backe zusammen, so fest wie nur irgend möglich, damit sich das Messer nicht während des Druckes lockern kann, und sieht, dass es nicht in den Rinnen, in welchen die Bogenableiter eingesetzt sind, vorsteht, sonst könnten die Ableiterspitzen verbogen werden. Alsdann setze man die Backe in den Cylinder und schraube gleichmässig gut fest. Nun zeichne man über die ganze Nute mit Kreide Striche, lasse die Maschine einmal durchgehen und sehe zu, ob sich auf der Schneidbacke die Striche überall abdrücken. Ist dies noch nicht der Fall, so nimmt man die Schneidbacke wieder heraus und legt unter die Stellen, die noch keine Kreide annehmen, Zeitungspapier. Jetzt wird die Backe wieder eingesetzt, gut zugeschraubt und noch einmal mit Kreide probiert. Zeigen sich jetzt die Kreidestriche überall abgedrückt, dann nimmt man ein *einfaches* Zeitungsblatt, lässt es durch die Cylinder laufen und darf dasselbe beim Schnitt nur noch an einigen Fasern zusammenhängen. Schneidet es dennoch nicht gleichmässig, dann muss man mit Zeitungspapier unter der Schneidbacke so lange nachhelfen, bis es gut ist; man wolle aber ja nicht das Messer an der Stelle, die noch nicht gut schneidet, höher stellen, denn das Messer muss, wie oben erwähnt, gleichmässig stehen bleiben; man muss den Schnitt durch die Unterlagen, durch welche die fehlende Pressung erzeugt wird, erzwingen. Schneidet es nun zur Zufriedenheit, dann ziehe man die Schrauben noch einmal recht gut nach, damit sie sich nicht lockern. Überhaupt ist es gut, diese Schrauben von Zeit zu Zeit nachzuziehen, denn es passiert doch, dass sich dieselben lockern, was sich auch durch den hohlen Klang beim Zusammenschlagen während des Laufens verrät. Ein auf diese Weise gestelltes Messer wird lange Zeit zu vollster Zufriedenheit funktionieren, es kann ganz gut, wenn man verhindert, dass nicht zu viel Papierfetzen durchgehen, 3 bis 6 Monate bei grossen Auflagen (30 000 bis 40 000 täglich) schneiden, ohne dass es nachgefeilt zu werden braucht. Spürt man, dass es an manchen Stellen nicht mehr gut schneidet, zum Herausnehmen resp. Nachfeilen aber noch zu gut ist, dann schlichte man es mit einer kleinen Feile ein wenig ab und probiere aber auch wieder, ob die Backen noch gleichmässig pressen.

Wie das Messer ein Hauptfaktor im Papierlauf ist, so sind die *Walzen* eine grosse Hauptsache zur Erlangung guten und sauberen Drucks. Dieselben müssen vor allem richtig gestellt werden, hauptsächlich die Auftragwalzen. Das Stellen soll aber an grossen Rotationsmaschinen nicht so geschehen, wie man es an den einfachen Maschinen gewöhnt ist, sozusagen nach dem Gefühl. Stellt man auf solche Weise seine Walzen, dann stellt man sie meist zu tief. Der tiefe Stand der Walzen ist aus dem Schmieren der Bunzen in den Platten ersichtlich, doch erscheinen diese weissen Stellen im Text nicht allein verschmiert, der Schaden frisst noch weit schneller um sich, indem — insbesondere bei grossen Auflagen — die Walze durch die kolossale Reibung sich schnell erwärmt, weich wird und — aus dem Leim geht. Man ist gezwungen, eine andere Walze während des Druckes einzuheben und, da man freilich während der Druckdauer nicht noch Zeit hat, die neue Walze zu stellen, kann diese schliesslich auch noch das Schicksal der ersten teilen. Steht die Walze aber zu seicht, dann sieht der Druck ungleich aus. Man schneide sich Papierstreifen (ganz gut eignet sich der braune Stereotypiedeckbogen dazu) von ungefähr 8 cm Breite und 25 cm Länge und lege je einen Streifen ziemlich an den Enden der Walzen zwischen Druckplatte und Walze und Schneckencylinder und Walze. Nun stelle man die Walze hüben und drüben so, dass man das Papier noch schwer herausziehen kann. Diese gewiss schon von vielen angewandte Methode dauert nicht lange, man weiss, dass die Walze nun gut steht und auch bei grossen Auflagen und schnellstem Gange spielend aushält. Es ist aber auch hier geboten, verschiedentlich nachzusehen, denn erstens schwinden die Walzen und zweitens verstellt man sie auch bei grösster Vorsicht beim An- und Abstellen mit der Zeit ein wenig.

Das Stellen der Druckcylinder ist so leicht, dass es nicht erwähnt zu werden braucht, ebenso auch das Umstellen der Maschine zu 8, 4 und 2 Seiten. Gleichfalls ganz einfach ist das eventuelle Stellen der Falztrommel resp. des Falzmessers, wie auch das Einziehen des kleinen Trichters, wenn die Spitze (Nase) desselben an den falzenden Bogen Ecken wegreisst, oder das Herausstellen desselben, wenn sich sog. Quetschfalten im Falz zeigen. Auch das sich etwa nötig machende Stellen an den Riegelexzentern der Sammeltrommel findet man ganz leicht durch Probieren. Wenn bei manchen Rollen das Papier nicht gut über den grossen Trichter laufen will, soll der Maschinenmeister nicht etwa gleich an demselben herumstellen; werden in solchem Falle die Bänder ein wenig lockerer oder straffer gemacht, so nutzt dies oft sehr viel. Der grosse Trichter wird bei Aufstellung der Maschine von dem Monteur so genau gestellt, dass ein späteres Herumstellen an demselben von seiten des Maschinenmeisters oft noch grössere Schwierigkeiten verursacht wie vorher.

Nun ist noch zu erwähnen, dass der Maschinenmeister die ganze Maschine, wie insbesondere den Papierlauf jeden Tag gut und sauber putzen lassen muss. Die Maschine darf nicht verdrecken und vor Schmutz starren, auch dürfen einzelne Stellen an derselben nicht verrostet aussehen, denn eine erst einmal gründlich eingedreckte Maschine ist schwer wieder zu reinigen. Die Maschine muss stets aussehen wie ein Schmuckkasten, wie neu, als wenn sie erst aufgestellt worden wäre. Gerade im Putzen wird auch noch sehr viel an den Maschinen gesündigt, nicht nur, dass der Schmutz den Lauf der Maschine erschwert und an einer solchen Maschine leichter ein Malheur passieren kann, weil der Maschinenmeister vor Schmutz nicht sehen kann, ob sich vielleicht eine Schraube oder sonst ein Teil gelockert hat, sondern eine solche Maschine macht auch einen erbärmlichen Eindruck, wenn sie von fremden Personen, was bei Rotationsmaschinen doch oft vorkommt, besichtigt wird, und wirft der unsaubere Zustand naturgemäss ein schlechtes Licht auf den Maschinenmeister.

Zum Schluss noch die Mahnung, dass der Maschinenmeister in seiner freien Zeit hin und wieder die Schrauben an den sich schnell drehenden Rädern und den sonstigen Teilen der Maschine, welche viel auszuhalten haben, nachsieht, denn es könnte in der Länge der Zeit doch vorkommen, dass sich etwas lockert und dadurch grosser Schaden herbeigeführt und Reparaturen verursacht werden.

ZWEITER TEIL.

DIE GALVANOPLASTIK.

Unter *Galvanoplastik* haben wir in unserem Gewerbe als Buchdrucker zweierlei Begriffe zusammenzufassen: einmal die Herstellung von Kupferbildern auf galvanischem Wege und zum anderen das galvanische Härten mittelst Nickel oder Stahl, wie auch das Verkupfern von Stereotypen, um dieselben haltbarer und gegen hohe Auflagen widerstandsfähiger zu machen. Für Kupfergewinnung jeder Art bleibt die Zusammensetzung des Bades die gleiche, für das Vernickeln und für das Verstählen finden wir später ebenfalls die näheren Angaben.

Das Kupferbad.

Für das Bad brauchen wir ein Gefäss. Das Gefäss besteht aus säurefestem Thon (Steinzeugwanne) oder aus einem Holzkasten, der mit verlöteten Bleiplatten ausgelegt wird. Die Wanne wird so weit gefüllt, bis die Flüssigkeit 5 bis 10 cm unter dem Bordrande steht. Die chemischen Bestandteile des Bades werden zusammengesetzt aus 50 Teilen Kupfervitriol und 50 Teilen Glaubersalz *).

Mit Hilfe des Glaubersalzes scheidet sich der Säuregehalt des Kupfervitriols schneller und sicherer aus. Zeigt der in das Wasser gehaltene Säuremesser nach Baumé 20°, so hat die Flüssigkeit den richtigen Grad, um als Bad für Anoden und Matrizen Verwendung zu finden. Von der Anwendung von Schwefelsäure für das Bad ist man in namhaften Instituten, wie in der Reichsdruckerei zu Berlin, B. G. Teubner in Leipzig u. a., aus Qualitätsgründen für die Kupferbildung abgekommen. Diese Säuremenge von 20° ist für eine Zimmer-

---

*) Die Lösung erfolgt durch Filtration wie folgt: Ein sauberes, grosses Fass, das sogenannte Speisefass, wird mit reinem kalten Wasser gefüllt, die Chemikalien kommen in einen Sack aus filtrierfähigem Stoff und werden mit demselben in das Wasser gehängt; sie werden fortgesetzt ergänzt, um den gewünschten Säuregrad zu sichern.

temperatur von mehr als 14° Réaumur berechnet. In einem kälteren Raume, wie Kellerräume und dergl., welche nicht auf diese Temperatur zu halten sind und häufig nur 10 bis 12° Wärme zeigen, kann das Bad bis auf 25° gesteigert werden, je nach der gewünschten Beschleunigung des Kupferniederschlages. Zu viel Säure schädigt die Beschaffenheit des Niederschlages, welcher grobkörnig wird und bröckelndes Kupfer erzeugt.

Bäder, welche nicht genügenden Kupfergehalt haben, denen demnach das Kupfervitriol in zu geringer Menge zugesetzt ist, erzeugen ebenfalls einen bröckligen, schlechten Niederschlag, das niedergeschlagene Kupfer schliesst sich nicht dicht und lässt sich nicht bearbeiten. Bei Anwendung von Kupferblechen als Anoden ist der Galvanoplastiker weniger Unfällen ausgesetzt, da das Kupferblech so lange Kupfer abgibt, als der Strom dasselbe ausscheidet; wird das Bad aber durch fortgesetzte Vitriolspeisung, wie dies durch Abfüllen schwach gewordener und Zusatz von hoch gesättigter Lösung aus dem Speisefass herbeigeführt wird, in gleichmässigem Säuremass gehalten, so wird die Arbeit nur durch ganz aussergewöhnliche Zwischenfälle gefährdet werden können. Viele Galvanoplastiker arbeiten mit sogenannten Speisekästen, welche aus Pappelholz hergestellt und mit zahlreichen kleinen Löchern versehen werden. Die Speisekästen nehmen die angegebenen Chemikalien auf und speisen das Bad selbstthätig. Die Kästen sollen nur zur Hälfte in die Wanne tauchen und am Boden auch mit Löchern versehen sein, damit sich ein unlösbarer und demnach verlorener Bodensatz von Kupfervitriol nicht bilden kann. Wenn Glaubersalz nicht zur Hand ist, wird nur mit Kupfervitriol gearbeitet, wer aber einmal mit Glaubersalz gearbeitet hat, wird dasselbe nicht mehr missen wollen, da Glaubersalz die Dichte und Biegsamkeit des Kupfers befördern soll.

Die Elemente.

Für die *Clichégewinnung* sind ausser der selbstthätigen Dynamomaschine vier Elementarten bekannt und in Anwendung:

1) das mit dem Bade *verbundene* Daniell-Element,
2) das vom Bade *getrennte* Daniell-Element,
3) das Bunsen-Element und
4) das Smees-Element.

Das mit dem Bade verbundene Daniell-Element ist das gebräuchlichste, erfordert jedoch sorgsame Wartung. Dasselbe besteht aus einer Thonzelle, welche etwa 2 cm niedriger sein muss als der innere Raum der Wanne; dadurch ergibt sich auch der Umfang der Thonzelle von selbst. Diese Thonzelle wird zur Hälfte mit kaltem Wasser gefüllt und dieses mit 2 % englischer Schwefelsäure versetzt.

Bei der Anwendung dieses *Daniell-Elementes* ist die Wanne mit
fünf Leitungsstangen in dieser Gruppierung zu belegen:

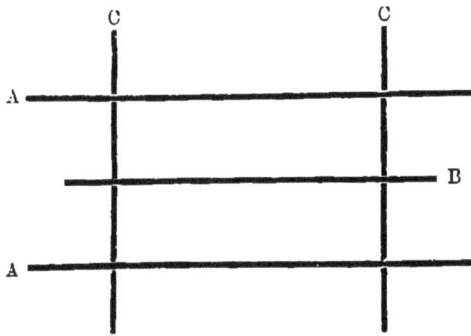

Die Stangen AA sind beide zum Aufhängen von Matrizen bestimmt; über die Stange B kommt die an den Zinkkolben des Daniell-Elementes genietete Kupferzunge zu hängen, und die Stangen CC dienen lediglich zur Stromverbindung.

Die Thonzelle mit dem angesäuerten Wasser wird in die Mitte des Bades gestellt. Nunmehr nimmt man 1 Stück Zink beliebiger Stärke und halb so lang wie die Thonzelle und sägt an einem Ende einen Spalt von etwa 2 cm Tiefe; in diesen Spalt nietet oder klemmt man einen Streifen Kupferblech, biegt letzteres nach oben um und hängt so den Zinkkolben über die Stange B in die Säure des Thoncylinders. Damit ist die Verbindung des Stromes hergestellt. Kupferblechanoden werden nicht angewendet, da die graphitierte Matrize gleichzeitig die Anode darstellt und das Kupfer aus dem im Bade ausgelösten und in den Speisekästen vorhandenen Vitriol zu sich leitet und den Niederschlag aufnimmt. Die Matrizen an den Stangen AA müssen dem Element stets die Bildfläche zukehren. Für grössere Bäder werden entsprechend mehr Elemente nebeneinander gestellt. Ein Bad mit 60 Liter Inhalt würde mit 2 Daniell-Elementen zu versehen sein; die Thonzelle eines jeden Daniell-Elementes würde etwa 3 Liter Flüssigkeit fassen können. Die Leitungsstangen sind stets blank zu halten.

Die Thonzellen sind morgens und abends zu reinigen und neu anzusetzen, da durch die Poren des Thoncylinders Säure in das Bad entweicht und das Element bis zur Unthätigkeit geschwächt wird. Fehlende Säure wird wieder ergänzt. Das Bad, welches mit Daniell-Elementen arbeitet, ist besonders oft auf seinen Säuregrad zu prüfen und entsprechend zu regulieren, andere Stärken als 21 bis 24^0 nach Baumé soll das Bad nicht aufweisen. Wird das Säureverhältnis zu stark, was ohne Säuremesser leicht an dem grobkörnigen Niederschlag wahrzunehmen ist, so wird ausgeschöpft und der Abgang durch abgekochtes und erkaltetes Wasser ersetzt.

Dass die Vitriolspeisekästen nicht aus dem Auge zu verlieren sind, braucht nach den wiederholten Andeutungen nicht mehr weiter empfohlen zu werden. Ohne Vitriolersatz kein Kupferniederschlag. Um ein frühzeitiges Zerfressen des Zinkes zu vermeiden, wird dasselbe *amalgamiert*, das heisst, dasselbe wird in eine *Quecksilberlösung* getaucht, welche nach einer Mischung von Konrad Taucher in Stuttgart wie folgt bereitet wird: Zunächst wird aus einer Mischung von 250 Gramm Salzsäure mit 750 Gramm Salpetersäure das sogenannte „Königswasser" hergestellt, in dieses „Königswasser" werden 200 Gramm Quecksilber gegeben.

Nachdem alles Quecksilber in dem Königswasser, welch letzteres man vorsichtig auf gelindem Feuer wärmt, aufgelöst ist, setzt man dem Ganzen noch 1000 Gramm Salzsäure hinzu. In diese Lösung braucht man die Zinkelemente nur einige Sekunden einzutauchen, um

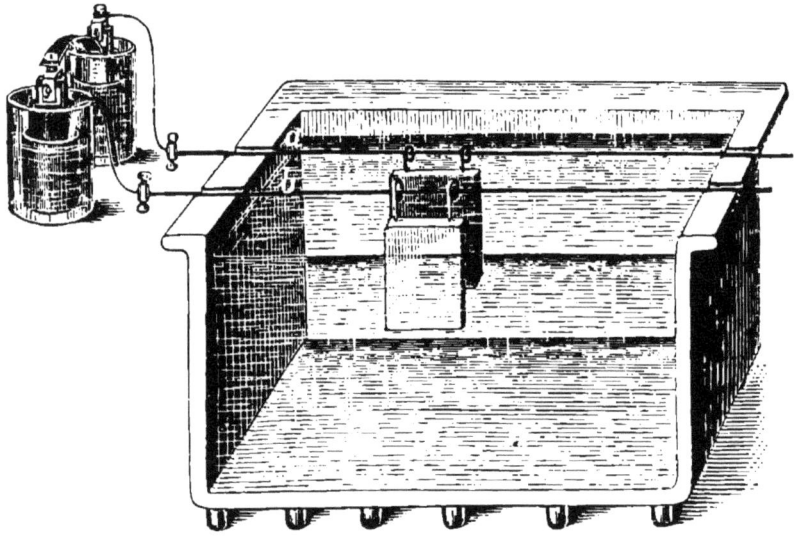

Bad mittelst Bunsen-Elementen.

sie vollständig mit einer Sicherheitsschicht zu überziehen, zu amalgamieren, und wird alsdann das Zink in reinem Wasser abgewaschen. Früher wurde das Zink nur mit Salzsäure abgewaschen und dann in Quecksilber umgedreht. Zinkelemente, welche nutzlos den Säuren ausgesetzt sind, das heisst ohne dass der Apparat elektrisch verbunden ist, zerfressen in kurzer Zeit, und muss daher jedes Element, wenn keine Ware im Bade hängt, abgefüllt und Thonzelle und Zink in kaltem Wasser sauber gereinigt werden, ganz gleich, welche Art von Elementen in Anwendung waren.

* * *

Das getrennte Daniell-Element besteht aus 1 Glasbehälter, der zur Hälfte mit einer 16prozentigen Kupfervitriollösung aus dem Speisefass zu füllen ist. In dem Glasbehälter steht ein Kupfermantel, in diesem ein Thoncylinder, zur Hälfte gefüllt mit reinem Wasser. In dem Wasser steht ein amalgamierter Zinkkolben. Kupfermantel und Zinkkolben werden mit Hilfe sogenannter Polklemmen oder durch Vernietung mit Kupferleitungsdrähten versehen. Das Element zeigt seine Arbeitsfähigkeit an, wenn in das Wasser der Thonzelle so viel englische Schwefelsäure getröpfelt wird, bis von dem Zinkkolben fortgesetzt ein leises Zischen ausgeht, ein Berechnen dieses Säurezusatzes nach Prozenten ist wertlos, da der Säuregehalt doch fortwährend schwankt, hingegen muss die Kupfervitriollösung um den Kupfermantel genau auf den ursprünglichen Säuregehalt von $16°$ erhalten werden. Die Leitung vom Zinkkolben a führt zur Matrize im Bade, die Leitung vom Kupfermantel b führt zur Kupferanode im Bade. Das Bad besteht aus Wanne und Vitriollösung, wenn thunlich mit Speisekästen versehen.

Drei hintereinander geschaltete Bunsen-Elemente.

Alles Übrige ist genau, wie oben angegeben, zu beachten. Wie die Abbildung zeigt, sind bei getrenntem Elementenbetriebe nur zwei Leitungsstangen notwendig. An Stange a hängt die Matrize, mit dem Bilde dem Kupferbleche, der Anode, an Stange b zugekehrt, Entfernung 5—7 cm. Einer grossen Anode können mehrere Matrizen gegenüber hängen, doch muss die Anode stets grösser sein als eine oder mehrere Matrizen, ebenso können bei Verarbeitung von mehreren Matrizen auf einmal mehrere kleine Anoden oder eine grosse durchgehende Anode eingehängt werden, wie auch die Stange a verdoppelt werden kann, um von beiden Seiten der Anode Matrizen niederschlagen zu lassen. Die Stangen a werden alsdann miteinander durch Kupferdraht verbunden. Hängen viele Matrizen im Bade, so ist auch ein starker Strom erforderlich. Um diesen starken Strom zu erzielen, werden mehrere Elemente miteinander verbunden, wie dies an obenstehender Zeichnung sichtbar ist.

Bei der Verbindung mehrerer Elemente zu einem Ganzen wird der Kupfermantel stets mit dem nächststehenden Zinkkolben verbunden. Zink führt dann wieder zur Matrize und Kupfer zur Anode.

* * *

Die Bunsen-Elemente wurden bis vor wenigen Jahren stets ausschliesslich vom Kleinbetrieb verwendet, sind aber der geringeren Leitungsfähigkeit wegen allgemein durch kombinierte oder getrennte Daniell-Elemente ersetzt worden. Die Bunsen-Elemente entwickeln weniger Strom und erzeugen mehr inneren Widerstand, aus welchen Gründen der Niederschlag grob und brüchig wird, wenn der Galvanoplastiker sich nicht durch sorgfältiges Regulieren, das die eigene Praxis lehrt, zu helfen weiss. Im übrigen kann ich hier nur wiederholen, was ich in meinem alten „Wegweiser" sagte:

„Die *Bunsen-Elemente* bestehen aus einem Glase von Cylinderform, das zum vierten Teile mit kaltem Wasser gefüllt ist; sagen wir, das Wasser wiege 500 Gramm, so kommen auf diesen Gewichtsteil 25 Gramm englische Schwefelsäure. In diese Flüssigkeit stellen wir einen Zinkcylinder, der mit einem angelöteten Kupferstreifen von etwa 20 cm Länge versehen ist; dieser Kupferstreifen hat am äussersten Ende einen Schlitz von etwa 4 cm Länge und 5 mm Breite. In diesen Zinkcylinder, der einige Centimeter niedriger ist als das Glas, wird ein Thoncylinder gestellt, der von gleicher Grösse oder höher wie das Glas ist. Der Thoncylinder wird $^1/_4$ voll mit Salpetersäure gefüllt und in diese Säure alsdann der Kohlestab gestellt, welcher am herausragenden Ende mit einer augeschraubten Messinghülse, Polklemme genannt, versehen ist. Auf ein Bad von 15 Liter Inhalt rechnet man ein Bunsen-Element; man kann auch zwei Bunsen-Elemente miteinander verbinden und erzielt dann einen schneller arbeitenden Strom, der den Niederschlag in kürzerer Zeit erzeugt, doch lässt der Anfänger am besten die Hand von solchen Experimenten, da ihm der Niederschlag bei nicht genau regulierter Säure leicht verdorben werden kann. Für denjenigen, der seiner Sache sicher ist, hat das Arbeiten mit verstärkten Elementen keine Schwierigkeit. Für Verkupferungen von grossen Platten in einem Bade von etwa 50 Liter würden 3 Bunsen-Elemente zu verwenden sein und werden dieselben, wie umstehend abgebildet, hintereinander geschaltet: die Kupferzunge des Zinkmantels wird immer mit der Polklemme der Kohle des nächsten Elementes verbunden. Der Leitungsdraht, aus reinem Kupfer bestehend und $^3/_{10}$ mm stark, wird mit einem Ende an der Kohle und mit dem anderen Ende an der Messingstange a befestigt. An dieser Messingstange a ist ein Kupferblech von 10 mm oder mehr Stärke aufzuhängen, und stellt dasselbe die Anode dar. Ist das Bad in Thätigkeit, so ist die Anode, das Kupferblech, etwa alle zwei Stunden abzuhängen und mit Wasser abzuwaschen, denn es bildet sich an der Anode ein schwarzer, schlammartiger Ansatz, der entfernt werden muss. Ein zweiter Leitungsdraht wird an die Kupferzunge des Zinkmantels gehängt und mit der Stange b verbunden: diese Stange trägt die Bezeichnung Warenstange, zum Unterschied von der Anodenstange a.

An der Warenstange werden die Matrizen mittelst Kupferdrähten befestigt. An die Warenstange können so viel Matrizen auf einmal gehängt werden, als die Anode — das Kupferblech — gross ist. Die Matrizen sollen aber nicht über die Grösse des Kupferbleches hinausragen, eher kleiner sein. Wer sein Bad nur mit 10 Liter oder diesem Verhältnis entsprechend ansetzen will, wähle eine Steinzeugwanne, welche höchstens 12 bis 15 Liter Inhalt aufnimmt, und gebe darauf Acht, dass die Wanne immer bis auf Handbreite unter dem Rande gefüllt bleibt, ferner, dass die Kupferanode der Wannengrösse entsprechend gewählt werde. Die Regulierung des Bades erfolgt durch Innehaltung des Säuregehaltes, durch Füllung der Speisekästen oder Speisesäcke mit Kupfervitriol und durch zeitweise Abklärung, entweder mittelst Filtration, um das Bad vor Verunreinigung zu schützen, oder durch Abklärung über ungelöschtem Kalk, um etwaige Schimmelbildung zu entfernen. Ist das Bad verunreinigt, so muss dasselbe vollständig erneuert werden. Wer mit *Bunsen-* oder *Daniell-Elementen* arbeitet, kann dieselben in einem kleinen *verschliessbaren Elementenschrank* unterbringen, diesen an der Wand aufhängen und die Drähte durch Löcher im Boden des Schrankes an die beiden Polstangen führen."

* * *

Das Smees-Element ist das beste Element, das die neuere Galvanoplastik kennt; mit seiner Hilfe wird schnell ein widerstandsfähiger und doch biegsamer Kupferniederschlag erzielt; es ist das zuverlässigste und sparsamste Bad, und sein höherer Kostenpreis macht sich in Kürze sehr lohnend bezahlt. Das Smees-Element besteht aus einer Kupfertafel, die erst versilbert und dann platinisiert wurde, und aus einer Tafel Zink, beide in einem Kasten hängend, der mit einem auf 13grädiger englischer Schwefelsäure gehaltenen Wasserbade gefüllt ist. Die Leitung ist die gleiche wie bei allen anderen Elementen, d. h. das platinisierte Kupferblech leitet an die Kupferanode im Warenbade und das Zink an die Matrize, an die „Ware", wie der Galvanoplastiker sagt. Je nach Wunsch können nun in einem Elementbade mehrere Platin- und Zinktafeln zu einem grösseren verstärkten Element vereinigt werden.

Die Matrize.

Zur Erzeugung von Kupferbildern, Clichés genannt, ist zunächst die Herstellung einer Matrize erforderlich. Die Matrize kann aus Wachs oder aus Guttapercha bestehen. Besteht das Original aus Zinkätzung, so ist eine Matrize aus Guttapercha vorzuziehen, für alle anderen Objekte wird Wachs angewendet. Guttapercha ist eine Harzart; dieselbe wird in warmem Wasser weich und knetbar, und findet sich weiter unten Näheres über die Behandlung. Wählt der Anfänger *Wachs*, so kann er dasselbe präpariert von mir beziehen oder er macht sich in warmer Auflösung, über ganz schwachem Feuer am besten im heissen Wasserbade mit eingesetztem Gefässe, folgende Mischung:

   800 Teile gelbes Bienenwachs,
   150 „ Paraffin,
    10 „ venetianisches Terpentin,
    40 „ besten Graphit.

Sobald alles geschmolzen ist, wird einige Minuten umgerührt. Die Flüssigkeit bleibt dann noch 15 Minuten ohne Berührung auf dem gedeckten Feuer, bis sich alle Luftblasen verflüchtet haben. und wird hierauf auf ein mit Graphit abgeriebenes Fundament gebracht und in 1 bis 2 cm starke Platten oder Quadrate, die durch Umlegen von Stegen oder Holzrahmen gebildet werden, in verlangte Grössen gegossen. Diese Platten können später nach Bedarf zerschnitten werden.

Der Guss des Wachses kann auch in eigens für diesen Zweck hergestellte und vor jedem Wachsguss vorgewärmte Bleikästen erfolgen. Diese Kästen sind dann nach innen 2 bis 3 cm vertieft. Die Wachsmasse kann in dem Kasten verbleiben, wird aber auf jeden Fall vor dem Erkalten auf etwaigen Wassergehalt geprüft. Zeigen sich kleine Blasen auf der Oberfläche, so sind dieselben mit einem heissen Eisen aufzustechen. Die Blasen rühren meist von Wasserresten her, die im Wachse enthalten sind; dieselben müssen sorgfältig entfernt werden, da jedes Wasser das Wachs für unsere Zwecke unbrauchbar macht. Wer gute Leitung erzielen will, sorge für gute Graphitvermengung. Nach dem Erkalten ist die Oberfläche gründlich zu graphitieren. Der Kasten wird über die zu prägende Form gelegt und das Wachs langsam eingepresst. Der Kasten wird nach der Prägung mit zwei kräftigen Kupferzungen vernietet, auf der Rückseite und an allen anderen Teilen, die kein Kupfer annehmen sollen, mit Wachs bestrichen und nach dem Graphitieren des Schriftbildes an die Warenstange gehängt. Das Graphitieren kann gar nicht gründlich genug erfolgen. Alle Graphitreste, die durch die Bürste nicht zu entfernen sind, werden mittelst Blasebalg abgeblasen. Die Matrize vor dem Einhängen wiederholt mit bestem Spiritus übergiessen, „dekapieren" sagt der Techniker. Wer mit *Guttapercha* arbeiten will, schlägt sich von den von mir gelieferten Blocks ein entsprechend grosses Stück ab, legt dasselbe 3 Minuten in warmes Wasser und trocknet es nach dem Herausnehmen ab; alsdann wird die Handfläche voll Graphit genommen und damit die Guttaperchaplatte fortgesetzt durchgeknetet, etwa eine Viertelstunde lang. Mit dem Graphit darf nicht gespart werden. Sieht die Guttapercha nach einiger Zeit einem glänzenden Metallstück gleich, so ist sie zur Prägung fertig. Ist nicht der Matrizenstoff, ganz gleich, ob Wachs oder Guttapercha, vollkommen mit Graphit eingerieben und bedeckt, so rächt sich die Unterlassung später im Bade, da der Niederschlag nicht gleichmässig wird, die Matrize also nicht gleichmässig annimmt Ich füge hier über die jeweilige Art des Matrizenmaterials einen Abdruck aus dem in meinem Verlage erscheinenden Fachblatt

„Graphischer Anzeiger und Stereotypeur", der allen Freunden der Stereotypie und Galvanoplastik als instruktiv und belehrend empfohlen werden kann, bei. Es heisst dort:

Wachs- oder Guttaperchamatrizen in der Galvanoplastik.

In der Galvanoplastik, und besonders in neu zu errichtenden Anstalten, wird oft die Frage aufgeworfen und ernstlich debattiert: Prägen wir in Wachs oder in Guttapercha? und die Beantwortung dieser Frage ist nicht immer so leicht, wie sich ein eingefleischter Wachs- oder Guttaperchapräger vorstellt. Wie alles seine zwei Seiten hat, so auch hier. Während es z. B. fast selbstverständlich ist, dass Holzschnitte und Schriftsatz mit Wachs geprägt werden, ist es beinahe ebenso selbstverständlich, dass Zinkätzungen, sowie selbst Galvanos mit Guttapercha zu prägen sind. Der Vorteil des Guttaperchaprägens besteht hauptsächlich darin, dass auch der Ungeübtere eher damit gute Resultate erzielt als mit Wachs. Ist die Matrize erst geprägt und erkaltet, so kann sie schon etwas vertragen und nimmt nicht jeden Eindruck von aussen, jedes ungeschickte Anfassen etc. so leicht übel. Auch bei Zinkätzungen, die ja sehr oft, ja meistens unterfressen sind, reisst sie, ihrer grösseren Zähigkeit halber, nicht aus, wie es Wachs fast unfehlbar thut, sondern lässt sich gern und willig loslösen. Auch behaupten viele alte Praktiker, der Niederschlag werde gleichmässiger und dichter als bei Wachs, obgleich das vom Bade und nicht von der Matrize herrührt. Ein Bad, das zu viel Säure enthält, wird immer poröse Niederschläge ergeben, gleichviel ob die Matrizen von Wachs oder von Guttapercha geprägt sind. Auch die Stärke des Stromes trägt wesentlich dazu bei, und wird in dieser Beziehung gerade von Anfängern am meisten gesündigt, die an eine kleine Mater nicht genug Batterien hängen können und sich ganz besonders geschickt halten, wenn nur die Mater schnell „zu" ist. Wird aber der Niederschlag losgelöst, so ist ein „Sieb" fertig, und den naheliegenden Grund findet niemand. Doch kehren wir zur Guttapercha zurück und betrachten auch die Kehrseite derselben. Da ist vor allem der hohe Preis. Unter 12 Mark per Kilo ist es nicht möglich, eine gute reine Guttapercha zu liefern, während wir für diesen Preis 3 Kilo bestes Matrizenwachs beziehen können, das auch in der Menge ungefähr der Guttapercha entspricht. Dann ist bei letzterer das sehr viel Zeit in Anspruch nehmende Kneten, das auch, besonders bei grösseren Originalen, seine ganz bedeutenden Schwierigkeiten hat, in Rechnung zu ziehen. Auch die Zeit, die mit dem Erkaltenlassen der geprägten Mater verloren geht, fällt erschwerend ins Gewicht. Besonders aber ist es das Loslösen des fertigen Niederschlages von der Mater, das seine Schwierigkeiten hat und das bei Quartformat und dünner Kupferschicht schon dazu angethan sein kann, den Galvanoplastiker in gelinde Verzweiflung zu setzen. Wie leicht hingegen gehen diese Manipulationen bei Wachsmatern vor sich. Sobald die Pressung vollendet ist, kann die Mater vom Original getrennt werden, ohne erst lange auf ein Erkalten zu warten, ja es ist sofortiges Losmachen sogar Bedingung, damit „nichts hängen bleibt". Und das Loslösen des fertigen Niederschlags! Wir giessen bei der Wachsmatrize heisses Wasser über die Kupferschicht, und sie ist losgelöst, ohne erst nach allen Seiten gebogen worden zu sein. Je dünner sie ist, je besser geht sie los. Dann, wie leicht können die gebrauchten Matern umgeschmolzen und in neue Platten gegossen werden. Dazu kommt, wie schon oben erwähnt, der verhältnismässig billige Preis des Materials. Doch auch dies Bild hat seine Kehrseite. Wie schon zu Anfang erwähnt, eignet sich Wachs schlecht zum Prägen von Ätzungen, da die überhängenden, unterfressenen Teile beim Abnehmen der Mater ausreissen und Wachs hängen bleibt, somit die Mater unbrauchbar ist. Auch bei Holzschnitten kommt es öfter vor, dass die Einfassungslinien eines Bildes hängen bleiben. In diesem Falle ist nur der Rat zu geben, gut zu graphitieren und besonders die Ränder der Schnitte mittelst einer weichen Zahnbürste kräftigst einzureiben. Auch der richtige Wärmegrad der Oberfläche der Wachsplatte ist von grosser Bedeutung. Ist die Oberfläche zu warm, so entsteht nur ein verschwommenes Bild, das nicht ganz ausgeprägt ist, selbst bei schärfstem Druck, während im entgegengesetzten Falle die Wachstafeln, sobald dieselben kein Paraffin und venetianisches Terpentin enthalten, ebenfalls das Bild schlecht wiedergeben und ausserdem gern zerspringen. Die goldene Mittelstrasse wird auch hier bloss durch längere Praxis zu finden sein. Das Endergebnis dürfte das sein, dass es für jede normale Galvanoplastik vorteilhaft ist, neben dem hauptsächlich zu verwendenden Wachs auch einige Kilo beste Guttapercha zu haben, um sich vorkommenden Falls aus der Not helfen zu können. Jedes Material hat seine Benutzungsgrenze, die, ohne einem rationellen Betrieb zu schaden, nicht zu überschreiten ist. Den Anfängern möchten wir raten, nicht gleich bei einer oder zwei missglückten Wachsprägungen nach Guttapercha zu greifen, und dem routinierten Wachspräger, sich nicht der Ehre halber mit einer renitenten Ätzung abzuquälen, sondern auch der Guttapercha, wo ihr Gebiet ist, den Vortritt zu lassen."

Die Prägung.

Sind die Matrizenstoffe graphitiert (dasselbe geschieht mit Hilfe einer Dachshaarbürste, am besten im Graphitierkasten [Abbildung auf Seite 52], der keinen Staub zulässt und jeden Abfall an Graphit zur späteren Verwendung sammelt), so schreiten wir zur Prägung. Der Holzschnitt oder die Ätzung wird mit Ciceroquadraten umlegt und um diese ein Quadrat von Stegen, welche Petit höher sind, als der Stock; alsdann wird die „Form" geschlossen, wie üblich. Nunmehr greift man wieder zum Graphit und reibt das Bild ganz gehörig damit ein. Vorausgesetzt wird, dass die Form vollkommen sauber war und Schmutzflecken oder Farbreste irgend welcher Art nicht daran hafteten. Die Form darf keine graphitfreie Stelle zeigen. Überflüssiger Graphit wird mit der Bürste oder, wie schon bemerkt, durch Aufrichten der Form und durch Abstäuben mittelst Blasebalg entfernt. Nunmehr kommt die Form in die Presse. Als Prägepresse kann in primitiver Form die Kopier- oder die Handpresse dienen. Anstalten, welche die Galvanoplastik berufsmässig treiben wollen, nehmen für kleinere Verhältnisse den Stereotypie-Apparat, in welchem auch später das Hintergiessen vorgenommen wird. Grössere Anstalten gehen gleich zu meiner schweren und ausserordentlich sicher arbeitenden Schlagpresse über, in welcher später ebenfalls das Hintergiessen erfolgt. Beim Prägen gebe man wohl acht und probiere dasselbe gründlich aus. Guttaperchamatrizen erfordern eine ausserordentlich schwache Prägung, Wachsmatrizen eine Kleinigkeit mehr. Kraft braucht, besonders bei kleinen Matrizen, überhaupt nicht angewendet zu werden, wenn man nicht die Matrizen verderben will. Der Anfänger macht drei Probeprägungen und wird dann mit Leichtigkeit die erforderliche Zugstärke der Spindel oder des Schlagrades herausfinden.

Das Einhängen der Matrize.

Die Matrize wird nach der Prägung noch einmal mit Graphit eingerieben, um dieselbe an allen Teilen leitend zu machen; besonders ist darauf zu achten, dass durchgeprägte Teile, welche ungraphitierte Stellen zeigen, reichlich mit Graphit gedeckt werden und mit der Spiritusdecapierung nicht gespart wird. Die Matrizen bleiben so lange unter dem Prägedruck in der Presse, bis Gewissheit vorhanden ist, dass die Matrize ohne Scheu entfernt werden kann. Diese Gewissheit ist gegeben, wenn das über die Stege hinausragende Fleisch der Matrize sich beim Berühren mit der Ahle hart und widerstandsfähig zeigt. Wird eine Matrize in zu nicht hartem Zustande mittelst der Dachshaarbürste, die von grösster Zartheit sein muss, graphitiert, so leidet die Schärfe des Bildes. Ebenso ist vor der Anwendung schlechten Graphites zu warnen, da die Leitungsfähigkeit ausschliesslich durch die Güte des Graphites bedingt ist. Guter Graphit fasst sich weich und kornfrei an und hinterlässt nach dem Verreiben mit den Fingern eine glänzende, grauschwarze Farbe. *Graphit ohne Glanz ist auf jeden Fall zu verwerfen.* Wer Graphit sparen und seine Gesundheit schützen will, beschafft sich den auf Seite 52 abgebildeten Graphitier- und Bronzierkasten. Dieser Kasten wird an den Einstecklöchern mit Aermeln versehen, durch welche der Galvaniseur seine Arme steckt. Für die Galvanoplastik ist er ohne Vorderschlitz. Der in der Zeichnung sichtbare Vorderschlitz ist praktisch für das Bronzieren, um die Drucksachen leicht und ohne Lüftung des Glasdeckels herausnehmen zu können. Einige Galvaniseure wenden auch echte Kupferbronze an Stelle von Graphit an. Ist der Galvanoplastiker sicher, die Matrize genügend graphitiert zu haben, so behandelt er die Matrizen-Rückseite, welche kein Kupfer annehmen darf. Dieselbe wird mit flüssigem Wachs bestrichen. In der Mitte der Matrizen-rückseite, wenn die Matrize nicht im Bleikasten ruht, wird ein Bleisteg, der das Schwimmen der Matrize im Bade verhindern soll, mit Wachs befestigt und mit Wachs bedeckt. Man hüte das Bild der Matrize vor Wachsflecken. Nunmehr wird der Leitungsdraht in die Matrize eingeführt. Die Leitung wird durch zwei Drähte, welche an den Ecken links und rechts fest in den Matrizenrand einzudrücken sind, hergestellt. Der Leitungsdraht wird mit Hilfe von Polklemmen mit der Leitungsstange verbunden oder er wird wiederholt um die Stange geschlungen. An beiden Verbindungsstellen ist der Draht blank zu halten, wie überhaupt alle Leitungsteile peinlich gesäubert werden müssen, um jede Stromschwächung zu vermeiden. Die Enden des Drahtes werden geeckt und fest in das Fleisch der Matrize eingedrückt; wenn der Draht nicht ganz dicht an der Matrize aufschliesst, ist auf eine gleichmässige Kupferschicht nicht zu rechnen.

Graphitier- und Bronzierkasten.

Liegen die Drähte nicht fest an, so findet das Kupfer nicht den richtigen Weg und bleibt dann als dicke Ablagerung am Rande der Matrize hängen. Ein empfehlenswerter Kunstgriff, die Kupferbildung auf gleichmässige Ausdehnung zu beschleunigen, besteht darin, dass man, über das ganze Bild zerstreut, überall, wo seine Fleischstellen (leere Stellen, auch „Lichter" genannt), zeigen, kleine versilberte Kupferstifte einführt, welche später, nach dem Verzinnen, mit der Zange leicht abgekniffen werden können, ohne den Niederschlag selbst zu beschädigen.

Sind beide Drähte mit der Matrize vereinigt, so kommt dieselbe in das Bad. Die Drähte werden so weit um die Warenstange gewickelt, dass die Matrize möglichst in der Mitte vom Bade und vom Element etwa 5 cm entfernt hängt. In grösseren Anstalten werden schmale Kupferblechstreifen zur Leitung verwendet, welche den Vorteil haben, dass man grosse Matrizen leicht behandeln kann. Die Kupferblechstreifen werden entweder mit Hilfe von Polklemmen an der Matrize befestigt oder sie werden scharfkantig umgebogen und in das Fleisch der Matrize eingedrückt. Nach oben werden die Streifen möglichst lang umgebogen und einfach über die Stange gehängt. Für kleinere Matrizen bleibt der Draht das einfachste Verbindungsmittel. Um zu verhindern, dass sich der Leitungsdraht nicht mit Kupfer überzieht, wird derselbe mit Wachs bestrichen. Der Wachsüberzug soll bis auf 1 cm Entfernung an die Matrize heranreichen. Bei Anwendung von Kupferanoden sei nochmals darauf aufmerksam gemacht, dass das Kupferblech nicht kleiner als die Matrize sein darf und dass letztere gegenüber der Mitte des Kupferbleches eingehängt wird. Die Matrize bleibt so lange im Bade, bis die Matrize mit einem genügend starken Kupferniederschlag überzogen ist. Platina-Elemente ergeben schon in 2—4 Stunden einen bearbeitungsfähigen Niederschlag, Daniell-Elemente in 10—15 Stunden, Bunsen-Elemente je nach Stärke in 12—24 Stunden. Hauptsache bleibt sorgfältige Behandlung der Elemente. Die Dynamomaschine arbeitet am schnellsten, doch wird auch hier die Normalzeit auf durchschnittlich 12—15 Stunden gestellt, um einen Niederschlag zu erhalten, der nicht kurzbrüchig wird, sondern leichtes Bearbeiten sichert.

Das Fertigmachen des Galvanos.

Nach der Entfernung der Matrize aus dem Bade werden zunächst die Elemente abgehängt und, wenn Daniell-Elemente verwendet waren, werden diese zunächst aus dem Bade genommen, auch ist sofort zur Abfüllung und Reinigung der Elemente zu schreiten; soll das Bad weiter arbeiten und mit neuen Matrizen versehen werden, so bleiben die Elemente im Bade. Als Regel gelte aber, dass die Stromleitung durch Entfernen der Elemente aufzuheben ist, wenn im Bade sich keine Matrizen befinden. — Abgehängt, kommt die Matrize, ganz gleich, ob aus Wachs oder aus Guttapercha bestehend, mit dem Niederschlag in heisses Wasser und verbleibt daselbst ein bis zwei Minuten; sobald die Matrize warm wird, löst der Niederschlag sich los. Ein und dieselbe Matrize kann ohnehin nicht mehr zu einem zweiten Niederschlag verwendet werden. An der Matrize hängenbleibende Guttapercha wird über einer Spiritus- oder Gasflamme abgeglüht; Wachsreste bleiben nicht hängen, wo dies dennoch der Fall ist — je nach der Tiefe oder Eigenart des Gegenstandes —, werden dieselben mit noch mehr Leichtigkeit abgeschmolzen als Guttapercha, da letztere mehr Aufmerksamkeit beim Abglühen in Anspruch nimmt. Der sogenannte Wachsschein, der trotzdem am Niederschlag haften bleibt, wird mittelst Salmiak und Schlemmkreide abgerieben. Guttaperchareste lassen sich auch entfernen, wenn der Niederschlag eine geraume Zeit in Terpentin gelegt wird. Nach dem Abglühen folgt das *Verzinnen*. Zu diesem Zwecke wird das Galvano auf der Rückseite, nicht auf der Bildfläche, mit Salzsäure, in der ein beliebiges Stück Zink gelegen hat, abgewaschen; die dadurch auf dem Kupfer erzeugte

Nässe muss vor dem Verzinnen vollständig verschwunden sein. Das Zinn wird mit Hilfe eines kleinen Handlöffels über das senkrecht gehaltene Galvano gegossen, bis die Rückseite gänzlich mit Zinn bedeckt ist. Um spätere Blasen in der Bleifüllung und eingefallene Stellen im Bilde des Galvanos zu vermeiden, legen einige Praktiker das Galvano nach der Verzinnung in kaltes Wasser, und wird in diesem das Zinn mit Seife abgewaschen und wiederholt mit reinem Wasser nachgespült. Auf der Verzinnung befinden sich stets Unreinlichkeiten, von Salzsäureresten oder von dem Schweisse der Finger herrührend, welche entfernt werden müssen, wenn die Arbeit nicht darunter leiden soll. Das Galvano wird hierauf an den Rändern beschnitten und dabei beachtet, dass der Rand von den beim Formenschliessen um den Stock gestellten schrifthohen Stegen wenigstens noch 12 mm breit stehen bleibt. Auf jeder Randseite des Galvanos wird eine glatte Holzleiste von Cicerostärke mit Cigarrenkistennägeln befestigt. Diese Holzleisten werden mit der Handsäge mit zahlreichen Einschnitten versehen, welche später beim Hintergiessen in der Schlagpresse die Luft entweichen lassen. Vor dem Aufnageln bohrt man mit Hilfe des kleinen Drillbohrers aus dem Korrigierschrank, welch letzterer keinem Galvanoplastiker fehlen sollte, einige Löcher in den Galvanorand, durch welche die Nägel von der Bildseite aus gesteckt werden. Die Leisten lassen sich alsdann ohne Schwierigkeit befestigen. Die hervorstehenden Nagelspitzen werden umgebogen oder glatt geklopft. Wohlgemerkt: die Leisten befinden sich auf der verzinnten Rückseite des Galvanos. Die Vorderseite, die Bildfläche, erfährt folgende Behandlung: nach bester Reinigung von anhaftenden Matrizenresten wird eine Lösung von

    500 Teilen kornfreiem Gips,
    300 „ Schlemmkreide in
    200 „ Leimwasser

zu einem dickflüssigen Brei verrührt, auf die Bildfläche gestrichen und dem Verdicken auf kaltem Wege ausgesetzt. Ist der Auftrag nahezu trocken, so wird er mit einem Holz bis auf die Bildfläche abgeschabt, so dass nur die Vertiefungen ausgefüllt sind, und dem vollständigen Trocknen überlassen. Dieses Ausfüllen hat den Zweck, beim Hintergiessen in der Schlagpresse oder im Giessinstrument das Bild vor Beschädigungen zu bewahren. In Leipzig (B. G. Teubner) sah ich hintergiessen, ohne dass der Niederschlag irgendwie mit Kreide gedeckt war, und ich war überrascht über die erzielten musterhaften Resultate; die Hintergiessleisten waren etwa 20 Punkt stark. Viele Galvanoplastiker verwenden die oben angegebenen Holzleisten nicht, sie klopfen vielmehr den Rand glatt und gleichen die Stellen, an welchen der Draht Löcher gebildet hat, mit dem Hammer glatt aus und biegen dann den Rand nach der verzinnten Seite zu etwa auf Petithöhe um. Die Rundung an den Rändern der Bildfläche wird mit Gips ausgeglichen, so dass das Bild eine vollständig ebene Fläche bildet. Nach dem Trocknen wird der Gips so lange geschabt, bis die Linien des Bildes einer schwarzen Zeichnung gleich aus der weissen Schicht des Gipses hervortreten. Dieses Verfahren ist zwar nur von geschickten Händen auszuführen, erleichtert aber auch die folgenden Arbeiten, das Bestossen und Fertigmachen, ganz wesentlich. Anfänger thun gut, mit den Holzleisten anzufangen. Umschliessen die Leisten das Galvano quadratisch und dicht, so kommt dasselbe auf eine kleine heisse Eisenplatte oder in die heiss gemachte Prägepresse. Das Galvano soll möglichst heiss werden, und schadet es gar nichts, wenn die Verzinnung zu schmelzen beginnt. Alsdann schüttet man so viel Hintergiessmetall, bestehend aus doppeltgereinigtem Weichblei, mit 6% Antimon versetzt, in das Holzquadrat, dass das Galvano gleichmässig bis zum Holzrande bedeckt und ausgefüllt wird. Sofort nach dem Einschütten des Bleies wird ein Blatt festes Papier über dasselbe eingeschoben und die Schlagpresse geschlossen, die Spindel leicht angezogen, um mit sanftem Druck die Bleimasse auszugleichen und flach zu drücken. Das Galvano wird nach dieser Prägung von dem Holzrande und dem Kupferstreifen befreit und auf gleichmässige Bildfläche untersucht. Zeigt sich irgend eine eingefallene Stelle im Bilde, so wird diese mit einem kleinen Hammer von der Rückseite aus aufgetrieben. Dieses Gleichmachen des Bildes ist sehr oft erforderlich und wird am besten auf einer heissen Eisenplatte vorgenommen, da die Wärme das Blei fügsamer macht. Der erfahrene Arbeiter wendet bei Ausgleichung von flachen Stellen manche Kunstgriffe an, die sich übrigens von selbst ergeben und durch die Praxis mehr oder weniger gezeitigt werden. Kleine Bilder, wie Medaillen und dergl., kann sich derjenige Galvanoplastiker, welcher ohne jede maschinelle Hilfe, wie sie in der Schlagpresse und im Giessinstrument vorhanden sind, arbeitet, dadurch zum Druck abrichten, dass er das Galvano nach dem Hintergiessen und Erkalten in die Handfläche nimmt und auf einer groben Feile, die er mit dem Körper gegen den Arbeitstisch drückt, abschlichtet. Die Lochmaschine kann durch den Drillbohrer ersetzt werden.

Eine Aushilfe, *ohne Schlagpresse und ohne Holzleisten zu hintergiessen*, ist für den Inhaber eines beliebigen Stereotypicapparates leicht gegeben und soll hier nicht unerwähnt bleiben. Das verzinnte Galvano wird an den Rändern mit dünnen Kartonstreifen beklebt und nach dem Antrocknen derselben wie eine Papiermatrize behandelt, das heisst mit der Gussfahne versehen, ins heisse Giessinstrument gebracht, möglichst weit unten eingelegt und mit den Giesswinkeln bedeckt. Der Guss geht ganz stereotypiemässig vor sich und gelingt jedesmal. Meine Versuche beschränkten sich bisher auf Galvanos in halber Oktavgrösse, und dürfte wohl anzunehmen sein, dass grössere Niederschläge sich ebenso leicht behandeln lassen. Die im Stereotypieapparat hintergossenen Galvanos sind in der Bleifüllung glatt und oft unmittelbar nach dem Guss zum Aufnageln geeignet, falls nicht unebene Bildflächen auszuarbeiten sind, was bei kleinen Sachen nicht oft der Fall ist.

In der Regel kommt das Galvano nach der Ausarbeitung in die Hobelmaschine, und wird dort der Bleiguss regelrecht flach gehobelt und auf diese Weise das Galvano in allen Teilen auf gleiche Höhe gebracht.

Auf das Ausgleichen des Bildes folgt das *Reinigen und Polieren des Galvanos* auf Hochglanz. Die gewöhnlichste Art, das Galvano zu polieren, es also glänzend zu machen, besteht darin, dass man einen Löffel Schlemmkreide mit zwei Löffeln gewöhnlichem Kochessig verrührt und dem dünnen Teig noch einen halben Löffel Kochsalz hinzufügt. Eine harte Borstenbürste dient nun als Verreibungsmittel auf dem Galvano, und erzielt man nach etwa 10 Minuten eine matt glänzende Fläche. Alsdann bedient man sich einer weicheren Bürste, trägt etwas trockene Schlemmkreide oder Wiener Kalk auf das Galvano und poliert nun im eigentlichen Sinne des Wortes mit der nur für diesen Zweck bestimmten Bürste trocken nach. In wenigen Minuten wird das Galvano Hochglanz zeigen. Ein anderes Putzmittel besteht darin, dass man, statt mit Salz und Essig, die Schlemmkreide mit heisser Salzsäure mischt. Das Putzen geht in der gleichen Weise, wie oben angegeben, vor sich. Einige Anstalten haben die Schlemmkreide durch sandfreien Lehm ersetzt, der im übrigen ebenso behandelt wird wie die Schlemmkreide. Wer Salzsäure anwendet, hat nur darauf zu achten, dass die Mischung von Lehm oder Schlemmkreide mit Salzsäure nicht zu dünn erfolge. Gleiche Teile von beiden Mitteln dürfte das richtigste sein. Das trockene Nachpolieren hat auch bei Anwendung der Salzsäure, wie oben angegeben, zu geschehen. Freunde matten Glanzes polieren das Galvano nicht trocken nach, sondern spülen nach dem ersten Putzen die Putzreste in kaltem Wasser ab und trocknen alsdann den Niederschlag in Sägespänen ab. Auch die im Handel befindliche und allen Hausfrauen bekannte Putzpomade ist ein gutes Poliermittel, das mit Hilfe eines rauhen Wollenlappens angewendet wird. Auch hier ist mit Kreide, Thon oder Wiener Kalk trocken nachzureiben. Grosse Anstalten bedienen sich rotierender, mit motorischer Kraft betriebener Polierscheiben, welche mit kurzem Borsten- oder Lappenüberzuge versehen sind und ca. 1000 Umdrehungen in der Minute machen. Nach dieser Arbeit kommt das Galvano unter die Lochmaschine, welche auch die aufzunagelnden Stereotypen schnell und leicht mit Löchern versieht — die Stanznadel der Lochmaschine ist oft durch Wachs zu drücken, um glatt abzulassen —, und nach dem Lochen wird das Galvano auf die bearbeitete Holzunterlage gebracht und durch Aufnageln oder Aufschrauben befestigt.

Mit der hier gegebenen Darstellung ist das Thema noch nicht erschöpft. Auf Einzelheiten näher einzugehen, als geschehen, habe ich vermieden, um den Lernenden nicht abzulenken, anstatt ihn systematisch weiter zu führen. Die Hauptsache war, eine gedrängte Darstellung derjenigen Arbeitsverrichtungen zu geben, welche den Anfänger mit Sicherheit in das Wesen der Galvanoplastik für Druckereizwecke einführen. Insbesondere unterliess ich es, mich näher über Elektrizität, Stromstärken und Strommessungen auszusprechen, auch die Arbeit mit der Dynamomaschine blieb bisher unerwähnt. In dieser Beziehung verweise ich auf die kleinen selbständigen Aufsätze, welche sich dem nächsten Abschnitt anschliessen. Über die Elektrizitätslehre, soweit solche das Interesse des Laien erregt, gibt ein beliebiges Lehrbuch der Physik, wie solche an Realschulen eingeführt sind, genügenden Anhalt, und möchte ich jedem Anfänger raten, den Selbstunterricht der Physik noch einmal aufzunehmen, er trägt gute Früchte. Die Kenntnis der Elemente führt dann leicht zu weiteren nützlichen Übungen, wie z. B. zur Anlage von Haustelegraphen, elektrischen Glocken u. s. w.; für diese Zwecke empfehle ich Erfurts „Lehrbuch der Haustelegraphie" als leicht fasslich und praktisch.

Das Verkupfern der Güsse.

Jeder Guss wird vor dem Verkupfern so weit fertig gemacht, als wenn unmittelbar von ihm selbst gedruckt werden sollte. Die Platte wird also bestossen, mit dem Schräghobel — Facette — abgeschrägt und an Stellen, welche nicht genügend tief erscheinen und ein Berühren der Farbwalzen befürchten lassen, ausgestichelt. Alsdann wird das Stereotyp mit Lauge gewaschen, mit kaltem Wasser abgespült und mit Alkohol — höchstgradigen Spiritus — begossen. Der Spiritus muss über alle Teile, welche Kupfer annehmen sollen, gehen. Mit kaltem Wasser wird wieder nachgespült. Die Rückseite des Gusses, welche kein Kupfer annehmen soll — angesetztes Kupfer schadet übrigens gar nichts, dasselbe verhindert sogar das frühzeitige Abblättern der Kupferschicht —, wird mit Druckfarbe oder Firnis eingewalzt. Der Guss wird entweder mit Draht umwickelt und mit den Endteilen desselben an der Warenstange aufgehängt, gleich als sei derselbe eine Matrize, oder die Platte wird am Rande mit einigen Löchern versehen, durch welche der zum Aufhängen bestimmte Draht gezogen wird. Die Bildseite wird nicht graphitiert, sie kommt blank in das Bad und ist vor Fingerschweiss zu bewahren.

Die Elemente bleiben sich in ihrer Wirkung auch hier gleich. Getrennte Elemente erleichtern aber das Verkupfern mehr, weil sie das Bad auf gleichmässige Säure halten, während mit dem Bade verbundene Daniell-Elemente zu viel Schwefelsäure an das Bad abgeben und dieses bald zu sauer machen. Mehr wie 16 Grad Baumé soll das Bad an Säure nicht enthalten, da sonst der Niederschlag körnig wird, was unter allen Umständen zu vermeiden ist. Der Niederschlag soll kornfrei sein und eine natürlich rote Kupferschicht zeigen. Auch ist der Strom möglichst schwach zu halten, und schadet es gar nichts, wenn in einem 30-Liter-Bade mit einem Daniell-Element begonnen wird. Der Niederschlag zeigt sich in seinen Anfängen bereits nach 10 bis 15 Minuten; kurz nach dem Einhängen setzt das Stereotyp einen schwärzlichen Schein an, welcher ein Zeichen zu stark anwesender Säure im Bade ist. Wird der Niederschlag nicht körnig, was man leicht ermitteln kann, wenn man den Guss herausnimmt und mit Wasser abspült, worauf das Kupfer alsbald sichtbar wird, so behindert uns auch für diese Arbeit ein etwas übersäuertes Bad nicht, und der Guss kann ruhig ½ Stunde und noch länger hängen bleiben, je nach der Stärke des Niederschlages, *welcher übrigens die Schärfe des Bildes nicht beeinträchtigt*, so lange er nur die Stärke eines Seidenblattes erreicht. Das genügend verkupferte Stereotyp wird nach der Entfernung aus dem Bade in kaltem Wasser abgebürstet und mit trockener Kreide oder Putzpomade abgerieben; es zeigt alsbald einen befriedigenden Glanz und kann dem Drucker übergeben werden.

Ein recht dankbares Bad für Verkupferung habe ich mir nach dem Rate des Herrn Assistent M a r q u a r d vom Bayerischen Gewerbemuseum in Nürnberg wie folgt zusammengestellt:

34 Gramm Kupfervitriol in
500 Gramm kochendem Wasser

und in einem anderen Gefäss in 500 Gramm kochendem Wasser

173 Gramm Seignettesalz und
50 Gramm Natronhydrat

gelöst und das Ganze nach dem Erkalten gemischt. Dieses Bad ist besonders für Anfänger geeignet, da es in einem beliebigen glasierten Gefäss angesetzt werden kann und in vorstehender Zusammenstellung, wie ersichtlich, auf ein 1-Liter-Bad berechnet ist. Ich habe die gleichen Mengen noch mit 4 Liter abgekochtem Wasser versetzt und doch noch einen guten, kornfreien Niederschlag erzielt. Die Kupferanode wird, wie bei dem anderen Bade, angewendet. Dieses Bad hat den Vorteil, dass es auch *Zinkätzungen verkupfert*, doch darf dasselbe dann *nicht* verdünnt werden. Das Dekapieren des Zinkes erfolgt genau nach den Reinigungsvorschriften in folgendem Abschnitte.

Das Vernickeln der Güsse.

Die Vorbereitungen zum Vernickeln der Stereotypen sind die gleichen wie zur Verkupferung. Das Reinigen des Gusses — das Dekapieren — kann in derselben Weise erfolgen, wie in vorstehendem Abschnitt angegeben; besser aber ist es, wenn man das Stereotyp mit einer heissen Lösung meiner Tafelsoda, welche sich in kaltem Zustande auch vorzüglich zum Reinigen der Satzformen eignet, abbürstet. 1 Teil Soda zu 20 Teilen Wasser. Nach der Sodareinigung in kaltem Wasser gut nachspülen, dann mit Spiritus (88grädigem) begiessen und wieder ins kalte Wasser bringen, alsdann einhängen. In den Vernickelungsanstalten wird für Spiritus Kalkwasser, ungelöschter Kalk in Wasser gelöst und stark verdünnt, angewendet. Wo Kalk ohne lange Umstände zu beschaffen ist, würde ich denselben auch für die Behandlung vor dem Verkupfern empfehlen. Spiritus ist kostspieliger, aber von gleicher Wirkung. Auf jeden Fall in kaltem Wasser abspülen. Zur Anwendung kommen *getrennte Elemente*, und darf hier der Strom doppelt so stark genommen werden wie bei der Verkupferung. *Das Bad* besteht aus folgenden Bestandteilen:

1500 Gramm Nickelsulfat,
7,5   „   Tannin, in Äther gelöst,
 900   „   Weinsteinsäurelösung,
1080   „   Ammoniak.

Das Bad ist für 30 Liter Flüssigkeit berechnet. In einem emaillierten Gefäss werden 3 Liter Wasser zum Kochen gebracht und das Nickelsulfat unter beständigem Umrühren darin aufgelöst. In einem zweiten Gefäss befindet sich die Weinsteinsäurelösung, der so viel Ammoniak zugesetzt wird, bis die Mischung zu einem dicken weissen Brei geworden ist, welcher sich als das vorgeschriebene neutrale weinsteinsaure Ammoniak darstellt. Dieses wird dem aufgelösten Nickelsulfat beigesetzt und zuletzt das in Äther gelöste Tannin. Dem Ganzen werden dann noch 7 Liter Wasser zugesetzt und alles miteinander nochmals tüchtig durchgekocht. In die Wanne kommt das Bad in kaltem Zustande, nachdem die Wanne mit 20 Liter filtriertem Regenwasser oder abgekochtem und erkaltetem Wasser gefüllt ist (Regenwasser ist stets vorzuziehen). Das in dem Bade befindliche Tannin (Gerbsäure) löst sich erst in der Weinsteinsäure ganz auf, in Äther ist dasselbe nicht vollkommen löslich. Zu einem guten Vernickelungsbade ist Tannin jedoch unerlässlich, da es gerade die innige Verbindung der beiden Metalle, somit das Festhalten des Niederschlages bewirkt. Das so hergestellte Bad wird auf das sorgfältigste neutralisiert (was durch Beigabe von Ammoniak erzielt wird und so lange fortzusetzen ist, bis blaues Lackmuspapier sich nicht mehr rötet, jedoch auch nicht länger). Würde man das unterlassen und mit saurem Bade arbeiten, so würden Metalle, die sich leicht in der Säure auflösen — etwa Zinkätzungen —, zerfressen und ruiniert werden.

Ich hebe noch einmal hervor, dass die Platte nicht früher eingehängt werden darf, als bis die Elemente vollständig eingeschaltet sind. Anderenfalls würden sich Teile des Bades auf den Guss setzen und das Haften des Nickels beeinträchtigen. Eine reine Nickelanode, die mit dem Leitungsdraht zur Kohle des Elements verbunden wird, muss auf jeden Fall verwendet werden.

Mit dem vorgeschriebenen Bade lassen sich auch *Zinkätzungen* vernickeln, doch erfordern diese eine doppelt so starke Stromkraft als Bleiplatten. Würde z. B. ein vernickeltes Stereotyp, zu dem 2 Bunsen-Elemente erforderlich waren, aus dem Bade entfernt, so würde eine nachfolgende Zinkätzung von gleicher Grösse die Kraft einer aus 4 Bunsen-Elementen bestehenden Batterie erfordern.

Das Verstählen des Galvanos.

Galvanos, welche hohe Auflagen aushalten sollen, werden verstählt. Das „Verstählen" erfolgt nicht mit Hilfe von Stahlanoden, sondern mit Hilfe von Anoden, welche aus schmiedeeisernen Platten bestehen. Das Schmiedeeisen ist weich, galvanisch wiedergegeben wird es jedoch hart wie Stahl, aus welchem Grunde sich der Ausdruck „verstählen" gebildet hat. Die Elemente sind die gleichen wie in der Kupfergewinnung, das Warenbad aber wird nach der Lehre Varrentrapps in folgender Form zusammengestellt:

4 Teile Eisenvitriol,
3 „ Salmiak,
30 „ Wasser;

oder:

2 Teile Eisenvitriol, gelöst in
50 „ Wasser, dazu auflösen und beigeben
10 „ Seignettesalz und
20 „ Ammoniakflüssigkeit.

Varrentrapp gibt an, dass sich das Bad auch mit einer gesättigten Lösung von reinem Eisenvitriol speisen lasse und gute „Verstählung" liefere, wenn die Eisenanode möglichst gross gewählt wird, auf keinen Fall aber kleiner ist, als das Galvano oder die Kupfergravüre. Um zu probieren, ob die Verstählung gelingen wird, hängt man erst ein blankes Kupferblech ein; zeigt dieses den gewünschten glatten Eisenniederschlag, so lässt man sofort das eigentliche Galvano nachfolgen. Ist der Eisenüberzug nach dem Drucke abgenutzt, so beseitigt man die übrigen Reste durch Abwaschen mit einer sehr schwachen Schwefelsäurelösung, spült in Wasser und Spiritus nach und „verstählt" das Ganze von neuem. Das Galvano soll nur 10 bis 15 mm von der Eisenanode entfernt hängen und der Badkasten nur 6—8 cm breit sein. Empfehlenswert sind Daniell-Elemente, deren Verbindung die gleiche ist wie bei der Kupfergewinnung.

Die Dynamomaschine in der Galvanoplastik.

Keine Elemente, keine Säuren für dieselben, keine Gase! Halbe Arbeit und stete Garantie für gleichmässige Wirkung! Das ist mit kurzen Worten die Dynamomaschine in ihrer Bedeutung für die Galvanoplastik. Wie viele Mühen werden erspart und wie viel Aufregung wird vermieden, wenn sich der Galvanoplastiker nicht mit der Zusammensetzung und mit der Pflege der Elemente zu befassen braucht. Alle kleinlichen Beobachtungen kommen in Wegfall und die bisherige Unsicherheit in der Beschaffenheit der chemischen Produkte kommt gar nicht mehr in Frage. Die Dynamomaschine ersetzt das Element. In der Neuzeit haben die Dynamomaschinen so weitgehende Verbesserungen erfahren, dass Störungen bei nur einiger Aufmerksamkeit nicht zu befürchten sind. Herr *Ottomar v. Volkmer*, Vizedirektor der Hof- und Staatsdruckerei in Wien, gibt in seinem für geübte Galvanoplastiker sehr empfehlenswerten Lehrbuch: „*Betrieb der Galvanoplastik mit dynamo-elektrischen Maschinen zu Zwecken der graphischen Künste*" (Verlag von A. Hartleben, Wien, Pest und Leipzig) folgende Winke für die *Aufstellung* und *den Betrieb* der Dynamomaschine:

„Die Dynamomaschine wird am besten auf ein solides und festgemauertes Fundament gebracht, welches oben eine starke massive Steinplatte trägt, und mittelst Schrauben befestigt. Um die Maschine ganz sicher isoliert stehen zu haben, wird dieselbe nicht direkt auf die Steinplatte gestellt, sondern man legt ihr zwei oder drei Schichten mit Teer oder Asphalt getränkten Pappendeckel unter. Es ist diese Vorsicht gut, weil bei feuchter Witterung oder sonstiger Feuchtigkeit sowohl Steinplatten als Mauerwerk anziehen und ein Teil der von der Maschine erzeugten Elektrizität dann leicht in die Erde abströmt und die Leistung der Maschine offenbar Einbusse erleiden muss. Wenn die Maschine gut funktionieren soll, so muss man vor allem darauf sehen, dass die Welle leicht läuft, ohne jedoch allzu locker in den Lagern zu liegen oder gar zu schlottern, in welchem Falle sich die Lager oval auslaufen würden. Der Antrieb der Dynamo soll nicht direkt von der Hauptwelle, sondern womöglich mittelst eines Vorgeleges geschehen, weil dadurch das Schleifen oder Springen des Transmissionsriemens wesentlich vermindert und der Antrieb ein weit sanfterer wird. Es ist einleuchtend, dass der von der Maschine erzeugte elektrische Strom nur dann ein ganz egaler, d. h. *konstanter* sein kann, wenn die Maschine immer gleich schnell läuft. Springt und schleift der Transmissionsriemen, was namentlich bei *neuen* oder zu *lockeren* oder zu *schmalen Riemen* der Fall ist, so erleidet auch die Umdrehung der Welle eine momentane Hemmung und damit auch die Stromentwickelung. Das *Anlassen* der Dynamomaschine soll *nicht plötzlich*, sondern *möglichst sanft* geschehen, also mittelst ‚*Einlösung*' nach und nach. Die Metallbürsten dürfen nicht gewaltsam stärker an den Stromabgeber angedrückt werden, als die Federung dies selbst besorgt. Es wäre dies nicht nur ganz zwecklos, sondern hätte noch den Nachteil, dass der Kollektor frühzeitig stark abgenützt und durch einen neuen ersetzt werden müsste. Die Metallbürsten müssen dabei in ihren Hülsen recht fest eingeklemmt werden und sind so zu stellen, dass sie auf dem Stromabgeber *tangierend* schleifen. Zeigt sich an den Bürsten eine auffallend starke Funkenbildung, so ist entweder die Bürste schlecht gestellt oder vibrieren einzelne Drähte derselben und muss die Ursache behoben werden. Die Leitung zwischen der Maschine und den Bädern muss sorgfältig, dort wo sie an Wänden oder anderen Teilen des Lokales, z. B. der Zimmerdecke etc., geführt wird, gut isoliert werden, wenn nicht auch da Stromwirkung verloren gehen soll. Die Selbstöler der Lager sind immer mit feinem Knochenöl gefüllt zu halten, nur dürfen sie nicht zu viel Öl abgeben, denn sonst spritzt das an der Achse ausfliessende Öl auf den Stromabgeber und die Bürsten, entzündet sich dort und bildet heftige Funken, selbst Flammen. Dies ist natürlich zu vermeiden. Die Achsen und der Stromabgeber sind *minutiös rein zu halten*, und darf der letztere unter keinen Umständen etwa geschmiert werden, wohl aber ist es gut, denselben von Zeit zu Zeit mit feinem Schmirgelpapier ablaufen zu lassen, wenn die Kontaktfläche nicht ganz blank sein sollte. Um etwa abgelaufenen

Metallstaub, welcher in das Innere des Ringes verstaubt und die Isolierung schädigen könnte, hintanzuhalten, bläst man denselben von Zeit zu Zeit mit einem Blasbalge aus. Um die Maschine überhaupt vor Staub und Nässe zu schützen, wäre es am besten, sie unter einem Glaskasten zu halten, der oben zu öffnen und leicht abzuheben ist. - Natürlich muss die Riemenscheibe ausserhalb des Kastens liegen. Der den Betrieb der Galvanoplastik Leitende muss daher auf all diese Dinge immer die grösste Aufmerksamkeit verwenden, und durch Beobachten des Volt- und Ampèremeter, nebst rechtzeitiger und zweckentsprechender Benutzung des Regulators, stets die

Abbildung einer Dynamomaschine.

Stromarbeit derart regulieren, wie es für einen qualitätsmässigen Niederschlag erspriesslich scheint. Man kann dann mit Bestimmtheit sagen, dass die Installation gut arbeiten und das leisten wird, was man von ihr verlangt. — Kommen auch gelegentlich kleine Störungen vor, so suche man deren Ursache zu ergründen, und die elektrotechnische Theorie gibt genug der Ratschläge dann an die Hand, diese Übelstände zu beheben und die Arbeit der Dynamo in Thätigkeit zu erhalten."

Zum Betriebe ist eine grosse Ausgabe nicht erforderlich. Wo nur irgend überschüssige Betriebskraft vorhanden ist, kann die Maschine eingefügt werden. Eine $1/3$-Maschine erzeugt in einer

Stunde bis 240 Gramm Kupfer. Da jedoch Störungen im Bade nie ausser Betracht zu lassen sind, so wollen wir die Kupfererzeugung der $\frac{1}{2}$-Maschine nur auf 100 Gramm pro Stunde annehmen und wir werden finden, dass diese Erzeugung vollauf genügt, um in kurzer Zeit behandlungsfähige Niederschläge zu erhalten.

Das *Bad* wird für die Dynamomaschine in gleicher Weise hergerichtet als wie zu den Elementen, und verdient auch hier Beachtung, dass übertriebener Säuregehalt die Eigenschaft des Kupferniederschlages erheblich beeinträchtigt. Das Bad soll aus einer Lösung Kupfervitriol bestehen von etwa 22° Säuregehalt. Die Zimmertemperatur soll möglichst auf 14° Réaumur gehalten werden. Bei aufsteigenden Wärmegraden ist das Bad zu schwächen und bei fallenden auf höchstens 25° Säure zu erhöhen. Für Dynamobetrieb empfiehlt sich stets die Anwendung mehrerer Bäder nebeneinander, je nach der Ampèrestärke der Maschine. 30 Ampère speisen etwa 2 Hundertliterbäder zu gleicher Zeit. Beleuchtungsdynamo dürfen nie zur Galvanoplastik verwendet werden. Als *Anode* wird gewalztes *Kupferblech* verwendet, wie solches bei den getrennten Elementen in dieser Abhandlung Erwähnung gefunden hat. Die Behandlung der Matrizen bleibt ebenfalls die gleiche, und dürfte nur noch der Rat anzufügen sein, den Niederschlag bei langsam abnehmender Stromstärke wachsen zu lassen und die Herstellungszeit nicht übertrieben abzukürzen. Die Niederschläge lassen sich mit Sicherheit behandeln, wenn sie etwa Viertelpetitstärke erreicht haben. Das Kupfer soll nicht grobkörnig sein; je feiner es im Korn ist, je dichter ist es und je widerstandsfähiger wird das Galvano im Druck.

Etwas von den Stromstärken und den elektrotechnischen Messinstrumenten.

Wie wir das Bad durch das Thermometer und durch den Säuremesser genau regulieren können, so ist uns durch die elektrischen Einheitsmasse — genannt Ampèremeter und Voltmeter — Gelegenheit geboten, die Stromstärke und die Klemmspannung genau zu bestimmen, soweit es die Kraft der Elemente oder der Dynamomaschine zulässt. Jedes Element schliesst Ampère- und Volteinheiten in sich. Die Stromstärke wird nach *Ampère*, die Klemmspannung nach *Volt* und der innere Widerstand im Bade nach *Ohm* berechnet. Ein *Bunsen-Element* in der von mir gelieferten 20-cm-Grösse hat ca. 2 Volt-Spannung und durchschnittlich 3 Ampère-Stromstärke. Ein Daniell-Element hat nur 1 Volt-Spannung und ebenfalls 2—4, im Durchschnitt 3 Ampère-Stromstärke. Die Kupfererzeugung mit Hilfe von Elementen wird pro Ampère und Stunde auf rund 1 Gramm angenommen. Die Berechnungen der Lehrbücher schwanken sämtlich. Da die Daniell-Elemente weniger Spannung als Bunsen-Elemente besitzen, so liegt darin der Grund, weshalb viele Praktiker dem Daniell-

Element den Vorzug geben. Um an der Hand von Beispielen die Berechnungen zu begründen, wollen wir feststellen, wie lange unter normalen Verhältnissen eine Matrize von 10 × 10 Ccm, also Halboktavgrösse, im Bade zu bleiben hat, um mit einem Niederschlag in Viertelpetitstärke bedeckt zu werden. Der Niederschlag in angegebener Grösse und Stärke wiegt ca. 35 Gramm. Für denselben ist ein Bad von 10—15 Liter Flüssigkeit reichlich genügend, ebenso würde ein Bunsen-Element — in Anbetracht des kleinen Bades — ausreichend sein. Da auf 1 Stunden-Ampère 1 Gramm Kupfererzeugung anzunehmen ist und ein Bunsen-Element 3 Ampère-Stromstärke enthält, so würde eine Matrize von angegebener Grösse 12 Stunden im Bade zu verbleiben haben, um genügend bedeckt zu werden. Die Volt-Spannung kommt für kleinere Einrichtungen weniger in Betracht; in grossen Anstalten ist nur dafür zu sorgen, dass die Volt-Spannung möglichst gering bleibt. Gleichzeitig kann aus der hier gegebenen Berechnung ersehen werden, wie lange grössere Matrizen im Bade zu verbleiben haben und, dass grosse oder mehrere Matrizen, je nach dem Badinhalt und der Elementenzahl, oft mehrere Tage im Bade hängen müssen, bevor gute Niederschläge zu erwarten sind.

Zur *Messung* und *Regulierung des Stromes* kommen für Elementapparate und für kleinere Dynamomaschinen nur zwei Instrumente in Betracht, nämlich: der *Stromregulator* und das *Ampèremeter*. Das Einschalten dieser Instrumente und das Regulieren der Stärken ergibt sich von selbst, da die Instrumente rechts und links mit + und — Zeichen verbunden sind. Die Drähte vom Plus führen zur Ware und jene vom Minus zur Kupferanode.

So weit in gedrängter Kürze das Notwendigste für den Anfang der Galvanoplastik. Spezielle Fragen brieflich zu beantworten, wird stets gern bereit sein

Der Verfasser.

Klopfbürsten, mittelhart oder extra hart, mit oder ohne Stiel, in allen Grössen.
Kleisterstreichpinsel.
Talkier- und Graphitierbürsten.
Borstenwaschbürsten für Lauge und Benzin.
Patent-Faserwaschbürsten für Benzin, Terpentin und Lauge.
Sicherheitsspritzflaschen für Benzin, Petroleum, Terpentin u. dergl.
Beste Tafelsoda von grösster Laugenausgiebigkeit.
Flüssiger Glanzgummi.

Rotationsmaschinenbänder, leinen oder baumwollen, einfach oder doppelt, dreifach gewebt oder genäht, in allen Breiten.
Rotationsdruckfilze in allen Stärken und Breiten.
Rotationswalzenmasse.
Pressspäne für die Egalisierbank.
Rotationsschlagmeissel.
Schmutztücher in feinster Ware und allen Breiten.
Maschinengarn, zäh und fest.

Sämtliche Maschinen und Geräte für die Galvanoplastik, als:
Schlagpressen, Flachhobelmaschinen, Dynamomaschinen, Daniell-, Bunsen- und Platina-Elemente, Thonzellen, Batteriegläser, Stromregulatoren, Amperemeter, Säuremesser, Steinzeug- und Holzwannen mit Bleimantel in allen Grössen, Kupfer- und Messingstäbe, Kupferdraht, Kupferanoden, Kupfervitriol, Graphit, präpariertes Wachs, Guttapercha, Lötmetall in Wismutlegierung, vorzüglich legiertes Hintergiessmetall etc. etc.

Sämtliche Utensilien für den Druckereibedarf, als:
Eiserne Formatstege. Schliesszeuge aller Art, verstellbare Handwalzengestelle, stählerne und neusilberne Patent-Winkelhaken, Ahlspitzen, Ahlhefte, Anlegemarken, Setzschiffe, Linien- und Durchschussschneider, Linienbiegapparate, Walzenkochapparate, Graphitier- und Bronzierkästen etc. etc.

Perforiermaschinen mit allen Perforierlängen.

Transmissionsventilator „Blackman Exhaustor".

Die grosse Preisliste, reich illustriert, steht jedem Fachmann frei zur Verfügung.

Patentertheilungen

an

CARL KEMPE in Nürnberg.

D. R.-P. auf einen kombinierten Stereotypieapparat. 1883,

D. R.-P. auf eine verstellbare Schutzvorrichtung an kombinierten Stereotypieapparaten zum Abzug der Bleigase und Krätzdämpfe. 1890.

D. R.-P. auf eine Kaltstereotypietrockenrahme, verstellbar für alle Formate des Formular- und Accidenzbetriebes. 1891.

Sämtliche Patente beziehen sich auf eigene Erfindungen des Verfassers.